世界哲學家叢書

玻　爾

戈　革　著

1992

東大圖書公司印行

國立中央圖書館出版品預行編目資料

玻爾／戈革著．--初版．--台北市：東
大出版：三民總經銷，民81
面；　　公分．--(世界哲學家叢書)
參考書目：面
含索引
ISBN 957-19-1417-7 (精裝)
ISBN 957-19-1418-5 (平裝)

1.玻爾(Bohr, Niels Henrik David,
1885-1962) -學識-哲學

149.63　　　　　　　　　　81003690

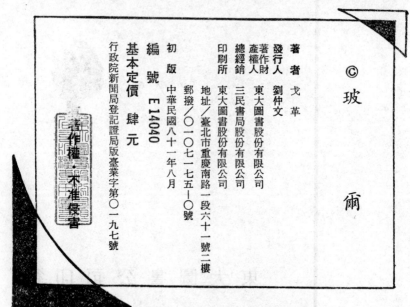

© 玻 爾

著　者　戈　革
發行人　劉仲文
著作財
產權人　東大圖書股份有限公司
總經銷　三民書局股份有限公司
印刷所　東大圖書股份有限公司
地址／臺北市重慶南路一段六十一號二樓
郵撥／〇一〇七一七五一〇號
初　版　中華民國八十一年八月
編　號　E 14040
基本定價　肆元
行政院新聞局登記證局版臺業字第〇一九七號

ISBN 957-19-1418-5 (平裝)

「世界哲學家叢書」總序

　　本叢書的出版計畫原先出於三民書局董事長劉振強先生多年來的構想，曾先向政通提出，並希望我們兩人共同負責主編工作。一九八四年二月底，偉勳應邀訪問香港中文大學哲學系，三月中旬順道來臺，即與政通拜訪劉先生，在三民書局二樓辦公室商談有關叢書出版的初步計畫。我們十分贊同劉先生的構想，認爲此套叢書（預計百冊以上）如能順利完成，當是學術文化出版事業的一大創舉與突破，也就當場答應劉先生的誠懇邀請，共同擔任叢書主編。兩人私下也爲叢書的計畫討論多次，擬定了「撰稿細則」，以求各書可循的統一規格，尤其在內容上特別要求各書必須包括(1)原哲學思想家的生平；(2)時代背景與社會環境；(3)思想傳承與改造；(4)思想特徵及其獨創性；(5)歷史地位；(6)對後世的影響（包括歷代對他的評價），以及(7)思想的現代意義。

　　作爲叢書主編，我們都了解到，以目前極有限的財源、人力與時間，要去完成多達三、四百冊的大規模而齊全的叢書，根本是不可能的事。光就人力一點來說，少數教授學者由於個人的某些困難（如筆債太多之類），不克參加；因此我們曾對較有餘力的簽約作者，暗示過繼續邀請他們多撰一兩本書的可能性。遺憾的是，此刻在政治上整個中國仍然處於「一分爲二」的艱苦狀

態，加上馬列教條的種種限制，我們不可能邀請大陸學者參與撰寫工作。不過到目前為止，我們已經獲得八十位以上海內外的學者精英全力支持，包括臺灣、香港、新加坡、澳洲、美國、西德與加拿大七個地區；難得的是，更包括了日本與大韓民國好多位名流學者加入叢書作者的陣容，增加不少叢書的國際光彩。韓國的國際退溪學會也在定期月刊《退溪學界消息》鄭重推薦叢書兩次，我們藉此機會表示謝意。

原則上，本叢書應該包括古今中外所有著名的哲學思想家，但是除了財源問題之外也有人才不足的實際困難。就西方哲學來說，一大半作者的專長與興趣都集中在現代哲學部門，反映著我們在近代哲學的專門人才不太充足。再就東方哲學而言，印度哲學部門很難找到適當的專家與作者；至於貫穿整個亞洲思想文化的佛教部門，在中、韓兩國的佛教思想家方面雖有十位左右的作者參加，日本佛教與印度佛教方面卻仍近乎空白。人才與作者最多的是在儒家思想家這個部門，包括中、韓、日三國的儒學發展在內，最能令人滿意。總之，我們尋找叢書作者所遭遇到的這些困難，對於我們有一學術研究的重要啟示（或不如說是警號）：我們在印度思想、日本佛教以及西方哲學方面至今仍無高度的研究成果，我們必須早日設法彌補這些方面的人才缺失，以便提高我們的學術水平。相比之下，鄰邦日本一百多年來已造就了東西方哲學幾乎每一部門的專家學者，足資借鏡，有待我們迎頭趕上。

以儒、道、佛三家為主的中國哲學，可以說是傳統中國思想與文化的本有根基，有待我們經過一番批判的繼承與創造的發展，重新提高它在世界哲學應有的地位。為了解決此一時代課

題，我們實有必要重新比較中國哲學與（包括西方與日、韓、印等東方國家在內的）外國哲學的優劣長短，從中設法開闢一條合乎未來中國所需求的哲學理路。我們衷心盼望，本叢書將有助於讀者對此時代課題的深切關注與反思，且有助於中外哲學之間更進一步的交流與會通。

最後，我們應該強調，中國目前雖仍處於「一分爲二」的政治局面，但是海峽兩岸的每一知識份子都應具有「文化中國」的共識共認，爲了祖國傳統思想與文化的繼往開來承擔一份責任，這也是我們主編「世界哲學家叢書」的一大旨趣。

傅偉勳　韋政通

一九八六年五月四日

自　　序

> 我不準備進行一種學院式的哲
> 學論述；對於那種論述，我是
> 沒有必要的學識的。
>
> ──玻爾，〈知識的統一性〉

　　本書的主旨在於介紹作為哲學家的尼耳斯・玻爾（Niels Henrik David Bohr, 1885-1962）。然而此事卻也談何容易！玻爾不是「專業哲學家」，而且對那些「專業哲學家」殊少敬意。他的哲學思想從來不曾也不肯炮製成一套一套的成文教條，而且他還主張「真實」和「明確」是互為消長的；就是說，當你把話說得太清楚、太確定時，你就會失去你的思想的一部分真實含意，你的話也就會較少悠遠和深沉的餘味。在二者的取捨之間，玻爾是大大地偏向「真實」一面的：他的文章總是寫得那麼朦朧，那麼含蓄，使人有「瞻之在前，忽焉在後」之感。許多年來，這種情況給人們理解和傳述玻爾的思想造成了很大的困難和障礙。

　　有人比較過中國的和西方的學術、醫藥或烹飪，發現前者重綜合而後者重分析。中國人喫藥，把草根樹皮放在一起用水煮，講究個「君、臣、佐、使」；外國人吃藥首先對化學成份進行提

純，排除一切「雜質」。中國人做菜把許多想不到的怪材料放在一起來煎、炒、烹、炸、煸，講究的是「入味」和「原汁」；外國人做菜多半「丁是丁，卯是卯」，涇渭分明。醫藥和菜餚是如此，說明思想傾向是如此。在這種意義上，可以說玻爾的思想頗有點「中國氣」。他當然也分析問題，而且比別人分析得還要深透，但是他知道分析的「限度」，而且往往更重視事物的整體性質。他不止一次地指出過，在生物學中，如果你要分析一個有生機體直到原子物理學的精細程度，你就必然會殺死那個有生機體，從而你的分析也就不屬於生物學的範疇了。我們也覺得，玻爾哲學頗有點像一個有機的整體：我們可以適當地分析它，但不能過份地分析它，特別是不宜用太專門的「哲學時裝」來打扮它；至於用那種「精英派」的手法來對它進行削足適履的曲解，那就更不是我們所敢問津的了。

不管人們有多麼分歧的看法和議論，玻爾首先還是一位偉大的科學家。他一生寢饋於微觀物理學之中，立下了不朽的功勳，而他的「互補性」觀點也是首先結合着量子理論中的形勢而正式提出的。因此，不理解原子物理學和量子理論，就很難真正領會玻爾哲學的真諦。但是原子物理學等等又是一些那麼不易接近的領域，我們不能指望每一位讀者都是那方面的專家。這就使我們處於一種進退維谷的境地。在這個問題上，大概只能採取折衷的辦法。我們將介紹某些物理學的定性知識，但是我們將把這種介紹壓縮到最低的限度。這當然會影響我們關於玻爾哲學思想的闡述，然而這也是不得已的事情。

有此三點（以及更多的「點」），我們不敢自稱以下的介紹有什麼高明之處，只能說是一種入門式的引導而已。明知自己力

不從心而還要作這種費力不討好的嘗試，只因為尼耳斯·玻爾確
實是本世紀中最值得研究的一位思想家，而且他的重要性還遠遠
沒有被人們充分認識到。

　　按照情況的不同，書中提及的人名分用三種方法來處理。盡
人皆知的人名如牛頓、康德等等提到就算，不注原文（認為不必
蛇足）。一般的人名在第一次出現時注出原名和生卒年份（若已
知），並列入人名索引中。只出現少數幾次而又不關緊要的人名，
不列入索引中，以避煩瑣。

　　小注分章編號，附於各章之中。若引文見於書末所附的「參
考文獻」中，則出處的注明採用方括號數列式，例如〔1，4，
35-67〕就表示文獻〔1〕第4卷第35-67頁；單卷本的文獻當
然不注卷次，例如〔2，8-10〕就表示文獻〔2〕第8-10頁。
考慮到本書的性質，對於片言隻字的次要引文不再注明出處，以
節篇幅。

　　本書採用下列的名詞縮寫：

AHQP——《量子物理學史檔案》(Archive for History
　　of Quantum Physics)，

KU——哥本哈根大學 (Kφbenhavn Universitet)，

NBA——尼耳斯·玻爾文獻館 (Niels Bohr Arkivet)，

NBI——尼耳斯·玻爾研究所 (Niels Bohr Institutet)，

UITF——（哥本哈根）大學理論物理學研究所（1965年以
　　前 NBI 的舊名）(Universitetets Institutet for
　　Teoretisk Fysik)。

戈　革

1991年7月6日序於北京之北郊

目　　次

第三章　玻爾的科學貢獻

第四章　量子力學的詮釋問題

尼耳斯・玻爾 (1961)

第 一 章
玻爾的地位和特點

夫子之牆數仞，不得其門而入，
不見宗廟之美，百官之富。得
其門者或寡矣。

——《論語·子張》

1. 誰是哲學家？

相傳德國學者哈爾納克 (Adolf von Harnack, 1851-1930)
曾在柏林大學的會議室中感慨地說： 「人們抱怨我們這一代沒出
哲學家。這很不公平。問題只是，今天的哲學家們是坐在別的系
裏的， 他們的姓氏是普朗克 (Max K. E. L. Planck, 1858-
1947) 和愛因斯坦 (Albert Einstein, 1879-1955) 。」〔30,
99〕可以相信， 當他老先生說這番話時， 正有數以百計的教授
「坐在」世界各著名大學的哲學系裏（咱們且把那些喫江湖飯的
冒牌教授一概除外）。但是他老先生卻不認為那些人算得上眞正
的哲學家。

哲學敎授們（冒牌者除外）肯定比普朗克和愛因斯坦掌握更
多的專業哲學知識。他們能夠如數家珍般地舉出歷代哲學家的大

名，懂得古往今來許多重要哲學流派的淵源和「體系」，擅於擺弄什麼「方法論」、「認識論」、「本體論」以及另外不計其數的諸「論」，如此等等。然而，至少哈爾納克是認為，所有這一切也很可尊敬，但是卻並不能使那些教授先生們進入真正哲學家的行列，而只有像普朗克和愛因斯坦那樣，在人類的思想認識中造成了重大突破的人們，才無愧乎真正哲學家的稱號，儘管他們不一定受過「學院式的」哲學訓練，也開不出任何一門大學哲學課程。

這是一種「直指心源」的看法。如果我們認為這種看法是有道理的，那就似乎有必要籲請哲學界的朋友們今後更虛心、更認真、更廣泛、更深入地研究研究諸如普朗克、愛因斯坦、薛定諤（Erwin Schrödinger, 1887-1961）、海森伯（Werner Heisenberg, 1901-1976），而尤其是尼耳斯·玻爾的科學生涯和哲學思想。

為什麼說「尤其是」呢？因為即使在上述這些偉人中，玻爾也頗有其與眾不同之處。

人們一般都認為，普朗克等人無疑是一些偉大的物理學家。這是對的，因為他們一生所從事的，是物理學方面的研究而不是純哲學方面的思索。如所周知，普朗克通過量子概念的提出（1900年）而打響了二十世紀科學革命的第一槍；愛因斯坦通過相對論的創立和發展(1905-1916年)而革新了牛頓 (Isaac Newton, 1642-1727) 以來人們關於空間和時間的基本觀念。誠然，他們的科學發現在某些重大的根本問題上改變了人們的哲學認識。但是，就他們的初衷來說，這種後果卻或多或少地是一種不期而至的「副產品」——正如劉邦作了皇帝以後所感歎的那樣：「孤

始念不及此，今竟及此，天也！」

玻爾的情形卻有些不同。他所創立的原子結構理論（1913年及以後），奠定了現代物質結構理論的基礎，大大地開拓了物理學研究的疆土。他所提出並巧妙運用了的原子核「液滴模型」（1936年及以後），曾經成爲當時人們理解原子核的反應並探索大規模釋放核能量的途徑的唯一可用的理論指導。這些成就不但改變了物理學的研究範圍和思維方式，而且也影響了人類社會的生活方式和發展前景。但是，從其本性和目標來看，這些成就也還都是玻爾的科學貢獻而不是他的哲學創見，儘管他的思維風格和表達方式都處處蘊藏着或閃現着某種特徵性的哲理光影。

然而，玻爾在1927年正式闡述了的關於「互補性」的概念，卻從一開始就顯示了大不相同的品格。從它的本質來看，這個概念與其說是一種物理學的觀點，倒不如說是一種哲學的概括。事實上，正如玻爾所申明的那樣，當時他恰恰是「只利用簡單的考慮而不進入任何細節的和專門的特點」來向人們展示了一種普遍的看法的。換句話說，他當時確實是相當自覺地從哲學的高度來概括了量子物理學中的認識論形勢的。如所周知，這是一種引起了人們很大困惑的未之前聞的形勢，而正如我們在以下各章中即將介紹的那樣，玻爾從這種形勢中抽繹出來的那種很難把握的「互補關係」，確實是一種誰也沒有想到過的不同於任何已知的邏輯關係的新關係。因此必須承認，玻爾這種自覺地從哲學角度來對科學局勢作出根本性的、完全獨創的綜合概括的思維努力，是普朗克和愛因斯坦等人都不曾系統地和持久地嘗試過的，至少是不曾用相同的強度和靱性來嘗試過的。至於玻爾在後來的年月中下了那麼大的功夫來對自己的「互補性」觀點進行不停頓的改進、

補充和精化，進行那樣苦心孤詣的「爬羅剔抉、刮垢磨光」，把它一步步地擴充成了一條範圍無比廣闊的哲學原理，並終於發展出了一種十分獨特的「互補哲學」，那就更是普朗克、愛因斯坦或任何別的自然科學家都不曾如此自覺、如此堅毅地進行過的一種眞正哲學性的研究工作了。因此我們說，在絕大多數乃至或許是所有的偉大自然科學家中，玻爾的哲學氣質是最爲根本而徹底的，從而他就最有資格「兼領」眞正哲學家的頭銜。

2. 旁人說短長

對於玻爾的哲學氣質，他的朋友們和弟子們都有很深刻、很明確的印象。

玻爾有時宣稱，他的「哲學知識」不夠，不能對某些問題的某些方面進行「學院式的」分析和論述，然而他總是聲稱，他自己的興趣主要是在於概念分析中的認識論方面。同時他也很準確地認識到，他所面臨的歷史使命，是任何一個別人都根本無法完成的。在這方面，他和別的大科學家也很不相同。例如，愛因斯坦常常提到斯賓諾莎 (B. Spinoza, 1632-1677) 、馬赫 (Ernst Mach, 1838-1916) 等人的名字，以當「德國人」爲榮的海森伯常常提到康德 (Immanuel Kant, 1724-1804) 的名字，而玻爾則不然，在他的論著中，一切大哲學家的名字似乎都被避免了。有一次，泡利 (Wolfgang Pauli, 1900-1958) 在讀了玻爾的一篇文稿以後曾寫信「祝賀」他「略去了全部的物理學」。泡利還認爲，應該把評論工作留給專門的「哲學家們」去作，但是玻爾卻不同意，他認爲任何「專門哲學家」都是不能理解他所面臨的

問題的，更不要說解決那些問題了。

玻爾的親密助手之一是羅森菲耳德(Léon Rosenfeld, 1904-1974)，他可以算是最能理解玻爾的思想實質的一個人。正因如此，泡利曾經戲謔地稱他爲「教皇的唱詩童子」（「教皇」指玻爾），當代科學思想史家雅默爾 (Max Jammer, 1915-) 也稱他爲哥本哈根學派的「主要發言人之一」〔19,104〕，而我則傾向於稱他爲互補哲學的「亞聖」，因爲他一生寫了許多很精彩的論文，基本上不走樣地闡發了「互補性」思想的精義，也批駁了有關玻爾思想的各種似是而非的聲影之論，大有孟夫子「能言拒楊墨」的氣概。在玻爾逝世（1962年）以後，羅森菲耳德以「尼耳斯‧玻爾對認識論的貢獻」爲題寫了很好的紀念文章[1]，對玻爾思想的內容和遭遇進行了綜合的敘述。羅森菲耳德的闡述是許多其他談論玻爾思想的文章（多數都不知所云）所不能比擬的。因此我常說，除了玻爾本人的原著以外，羅森菲耳德的著作就是理解玻爾思想的最可靠的津梁。

玻爾曾經評論說，在所有的物理學家中，狄喇克（Paul A. M. Dirac, 1902-1984 ）是最純正的一個。狄喇克年輕時首先接觸了愛因斯坦的相對論，其次才接觸了玻爾的原子結構理論。他對愛因斯坦當然也是滿心佩服和崇敬的，但是當談起思想的深度時，他唯一提到的卻是玻爾。他寫道[2]：

> 我非常佩服玻爾，他似乎是我所遇到過的最深邃的思想家。

---

[1] 原文見 *Physics Today*, **16** (1963), pp. 47-54.

[2] C. Weiner ed., *History of Twentieth Century Physics*, Academic Press, 1977, p. 134.

他的思想屬於那種我願意稱之為哲學性思想的範疇。我沒有弄懂那些思想，儘管我曾經盡了最大的努力去試圖弄懂它們。我自己的思想路線實在是把重點放在那些可以用方程式表示出的想法上的，而玻爾的思想則帶有更加普遍的面貌，而且是和數學相去頗遠的。

要知道，狄喇克是一位在全世界很受尊敬的純正的學者，和那些鼠目寸光的狹隘鄉愿或那些大言欺世的齷齪小生毫無共同之處。他平生以「不苟言笑」著稱，每說一句話都特別講究分寸。一般說來，當用英語中的「最高級」形容詞來形容別人時，人們常常很「圓滑」地說其人是最……的人物「之一」。但是狄喇克卻沒有這樣作。他只說玻爾是「最深邃的思想家」，而不是「之一」。這表現了狄喇克措辭的精到，也表現了他對玻爾推重的程度。他當然遇到過包括愛因斯坦在內的許多鼎鼎大名的學者（他自己也是那種人物「之一」）。但是他在這裏不說「之一」，這也就意味着「唯一」；也就等於說，玻爾比狄喇克所遇到的所有別的思想家都更加「深邃」。這確實是很有意思的。

在一次學術集會上，玻爾和他的好朋友弗朗克（James Franck, 1882-1964）坐在一起，聽一位理論物理學家報告一項新的研究成果。聽着聽着，他忽然悄悄地對弗朗克說：「你知道，我其實只是一個業餘物理學家，他一講得數學太多，我就跟不上了。」❸ 後來弗朗克評論說，其實愛因斯坦也是這樣的「業餘物理學家」。

---

❸ 見 AHQP 對弗朗克的探訪紀錄。

　　此話怎講？我們知道，愛因斯坦和玻爾，是本世紀以來最了不起的兩位物理學家。他們一生致力於理論物理學的研究，而且不止一次地作出了重大的突破，而且弗朗克也一直對玻爾佩服得五體投地，直到晚年還宣稱自己心中對玻爾充滿了「英雄崇拜」。那麼他爲什麼說玻爾是一個「業餘」物理學家呢？這當然絕不是什麼不滿於玻爾的「微辭」，而只不過是說，愛因斯坦和玻爾，讓我們再加上他們二人的好友艾倫菲斯特(Paul Ehrenfest, 1880-1933)，都有一種很突出的思想傾向，那就是他們都特別重視最本質的（主要是定性的或半定性的）**物理的**關係和道理，而把這種關係和道理的數學表述只看成其次一步的工作。這是一種重視「直覺」、重視實質的觀點，和那種形式主義的態度正好相反。有一天，玻爾和艾倫菲斯特在玻爾的辦公室中坐着，他們派人把一位剛到哥本哈根不久的青年物理學家找了來。他們問那位青年，何以見得物理學的基本規律是「相對論不變的」。這一下搔着了那位青年的癢處，他滔滔不絕地講了一套空間—時間的協變理論。玻爾和艾倫菲斯特聽了以後哈哈大笑。他們說：「果然不出所料！」這就把那位青年弄得莫名其妙。後來才弄明白，玻爾他們所要聽的，不是那種在一般相對論課程中都會講到的數學的空間—時間變換理論，而是一種更直覺的**物理的**道理（例如用假想實驗來演證的道理），而這種實質物理的道理卻是許多青年物理學家都講不出來的（沒聽說過，沒考慮過，而且也確實比數學表述更難掌握）。這一情況很生動地反映了玻爾他們的態度，這其實是一種哲學意味很濃的態度。

　　當年海森伯第一次到哥本哈根「朝聖」(1924年)，固然主要是出於玻爾的盛情邀請，但是泡利的促成也起了相當的作用。海

森伯在上中學時就曾有志於瞭解康德的哲學。後來他上了慕尼黑大學，出身於索末菲(Arnold J. W. Sommerfeld, 1868-1951)門下，而且到格廷根的玻恩（Max Born, 1882-1970）那裏學習過。當他得了博士學位時，他的老同學泡利認爲他所受的訓練很有欠缺之處。泡利給玻爾寫信說，海森伯「一點兒哲學也沒有」，必須讓他到哥本哈根受受薰陶。當海森伯在玻爾的研究所中工作了一段時間以後，泡利又很高興地說，現在海森伯「學到了一點兒哲學了」。

後來海森伯曾用一句很簡明的話總結了自己的感受。他說:「我在索末菲那裏學到了樂觀主義，從格廷根的人們那裏學到了數學，從玻爾那裏學到了物理學。」❹凡是稍微熟悉一點當時的歷史情況的人們，都可以意識到海森伯這句話確實很扼要地道出了三個學術中心及其領導者的特點和差別。

喏，泡利說海森伯在玻爾那裏學到了「哲學」，而海森伯則自稱在那裏學到了「物理學」，這兩種說法是不是相左呢？其實並不像表面看來的那麼相左。因爲，在泡利和海森伯這樣的人看來，實質性的、整體性的物理學其實並和哲學沒有多大區別（英國人常把物理學叫做「自然哲學」）。事實上，海森伯也曾更加明確地說過〔6,95〕:

　　玻爾在本原上 (primarily) 是一個哲學家而不是一個物

---

❹　〔20, 2, 4〕。該書的英文不很準確，此處引文據德文譯出。關於這句話的詳細含義，可參閱 AHQP 對海森伯的採訪紀錄; 該紀錄的一部分，可見文獻〔20〕。

理學家。但是他懂得，我們今天的當代自然哲學，只有當它的每一個細節都可以禁得住鐵面無情的實驗檢驗時，它才是有份量的。

　　把他這兩種說法「聯立」起來，我們甚至會得出一種很有趣的結論：只有從哲學家那裏，才能真正好地學到物理學。這種概念也不是像初看起來地那樣荒唐，而是有其「合理的內核」的。問題只是，這裏所說的「哲學家」和「物理學」，必須按照以上所解釋的那種意義來理解，而不能進行望文生義、想當然耳的曲解，更不能進行魚目混珠、顛倒是非的「引申」，否則必將攪渾了學術界的一池春水，使自己變成笑柄，把別人引入迷途。

　　有一位先生名叫霍納（John Honner）。他寫了一篇長文叫做「尼耳斯·玻爾的先驗哲學」❺。文章一開始，就舉出了海森伯把玻爾定性為哲學家的那句話。接下去就說：「在這篇研究文章中，我不僅將證明海森伯評價的正確性，而且也將舉例說明，玻爾的主要關注，是屬於自從康德以來就被一般人稱為先驗的（transcendental）那一種。」這就是作者的主旨。他舉了許多的「例證」，進行了許多的「分析」，竭盡全力地把玻爾擠進了所謂「先驗哲學家」一派。過了幾年，他就又按照這種觀點出版了一本專著（即文獻〔16〕）。

　　當然，只要不是過分地無知妄作或別有所求，緣著任何方向進行的學術探討都是應該被允許和被歡迎的。但是，像霍納先生這樣的作法，恐怕會帶來太多的牽強附會的流弊，玻爾有知是絕

---

❺ 原文見 *Studies in History and Philosophy of Science,* **13** (1982), No. 1.

不會首肯的。同樣，我們在後文也將說明，許多的「玻爾研究」
其實都是些癡人說夢式的或隔靴搔癢式的「瞽說」。它們形成一
種討厭的「噪聲污染」；「亞聖」羅森菲耳德若在，當不會放過
它們。

3. 特殊的工作方法

在玻爾晚年和他接觸頗多的派斯 (Abraham Pais, 1918-)，
曾經比較過量子理論的三位先驅人物，那就是普朗克、愛因斯坦
和玻爾。他很有見識地指出，量子理論乃是「獨一無二的二十世
紀思想方法」，而沒有這三個人，這種思想方法的誕生和成長就
將是不可想像的。他說，量子概念的出現，就意味著「古典時代」
的終結。普朗克沒有立即意識到這種局勢；愛因斯坦意識到了，
但他終生不願和這種局勢妥協；玻爾不但意識到了他所面臨的局
勢，而且主動考察了新理論和舊理論之間的關係並在相當程度上
取得了成功。派斯寫道❻：

> 他們的個性是多麼地不同啊！
> 普朗克在許多方面是一個常規的大學教授，他開課，並頒
> 授哲學博士學位。
> 愛因斯坦經常是獨自工作的，但他很少感到孤獨。他並不
> 認真關心上課，而且從來沒有頒授過博士學位。

---

❻ A. Pais, Niels Bohr and the Development of Physics,
見 CERN 印行的 (1985年) *A Tribute to Niels Bohr*, pp.
5–13.

玻爾永遠需要別的物理學家們，特別是青年物理學家們，
來協助他澄清自己的思想，永遠慷慨地幫助別人澄清他們
的思想。他不是一門一門課程的教師，也不是哲學博士導
師，但他永遠向博士後的或更高級的研究者們提供啓迪和
指導。

關於玻爾的工作方法及其對待青年人的態度，文獻中存在著
許多膾炙人口的記載。這些記載很生動地反映了玻爾的感人性
格，使人讀後爲之神往不已。然而，由於受篇幅和主題的限制，我
們在此不能詳細介紹他那些親切幽默的和與人爲善的動人事蹟，
而只能有重點地作一概述。

人們說，玻爾的習慣是通過和人辯論來進行思考。當身旁沒
有別人時，他就通過「和自己辯論」來進行思考。就是說，每遇
到一個問題，他總是從一切可能的方面來把它尋根究柢地反覆考
察：先考慮正面的理由，再考慮反面的理由，再考慮側面的理
由，如此等等，務求把所有的理由都考慮透。羅森菲耳德曾用
「螞蟻的觸角」來形容玻爾的思維。一隻螞蟻在前進中遇到一個
障礙物，它的觸角立刻就會忙碌起來。它們不停地探索那個物
體，直到把每一個角落都探索清楚才肯罷休。

從他剛開始當教授（1916年）時起，玻爾就總是在自己身邊
至少保留一位「科學助手」。這不是通常意義下的助教，而是某
種隨叫隨到的「貼身副官」。通常這是一位被玻爾選中的很有才
華、很有理解力、而且還要很有耐力的青年物理學家。儘管這種
差事很辛苦，但是人們卻總以被玻爾選中爲榮，而當過這種助手
的人們後來也都成了很有造詣的物理學家，其中包括創立了「矩

陣力學」的海森伯——他們實際上是玻爾親自帶出來的「徒弟」。

　　當研究一個物理問題或哲學問題時，玻爾就開始和助手進行
「疲勞轟炸式的」討論。等到討論得有些眉目了，玻爾就會口授
一篇論文，由助手在旁筆錄或打字。於是就得到一篇「初稿」。
接著就對這份初稿進行不留情面的「批判」，把每一句話都翻來
覆去地考慮一番，看它有沒有毛病，是否還有更好的表達方式，
等等。玻爾常常在夜間自問自答地進行這些思索，這叫做「睡在
問題上」。考慮的結果，有時會把「初稿」完全推翻，只能從頭
另寫。更多的情況是把「初稿」改得重重疊疊，面目全非，必須
重新謄清，成爲一份「二稿」。接著又對「二稿」進行同樣徹底
的批判和修改，以得到一份「三稿」，如此等等。有時這樣搞了
幾次以後，助手就覺得差不多了，沒什麼可修改的了。但是玻爾
不肯罷休，還要接著改下去。因此，玻爾寫一篇文章，一般比別
人寫十篇文章還要費事。在 NBA 中，保留著許多文稿，同一篇
文章有十幾種不同稿本的情況是常見的。排出校樣來又被改亂以
致必須徹底重排的情況也不是少見的。

　　在這樣的反覆修改中，玻爾所追求的絕對不是文章的新奇性
和形式化。他所追求的倒是形式上的平易近人和分寸上的銖兩悉
稱。他從來不喜歡使用什麼摩登的名詞和醒目的警句。他所要求
的是每一句話都應該意義圓滿而不蔓不枝。他的文章中有許多很
長的句子，但是句子的內容卻長過句子的長度，因爲每一個長句
都彷彿是由若干個短句「濃縮」而成的。他的文章表面看來似乎
平平無奇、貌不驚人，但是文章的內容卻十分地深藏不露，以致
連熟悉他這種風格的人們也只有當把一篇文章反覆閱讀和仔細體
會了許多遍以後才能略窺其門徑。

　　玻爾不但用這種精雕細刻的方法來寫他的學術論著，而且也用這種方法來起草某些信件。例如，當需要寫一封信，推薦某人到某大學去當教授時，本來只不過是官樣文章，只寫幾句套語就行的事，而玻爾一定要再三推敲，說是必須把被推薦人的優點和缺點都恰到好處地表示出來。一般人們認爲，這樣的東西你寫多好也沒人仔細看，簡直白費工夫。但是玻爾卻認爲，沒人看也要把它寫好，爲此他還給人們講過一個故事。丹麥有一位雕塑家雕製過一頭大豬和一羣小豬，豬嘴裏長著牙齒。其實觀衆誰也看不到那些豬牙，但是雕刻家本人卻不斷摸弄那些牙齒，非把它們雕刻得十全十美不能安心。

　　不難想像，這種字斟句酌、不厭其煩的辦法有時也很耽誤事，主要是常常影響了他的許多重要思想的及時發表。我們說過，玻爾是一位非常偉大的學者和思想家，但是和相同級別的人物例如愛因斯坦相比之下，他一生發表的論著卻是比較少的。他給後世留下了許多「半成品式的」稿件，另外許多並非不重要的思想他只對少數最親密的人談過，而根本不曾來得及把它們寫下來。

　　在審閱別人的稿子時，玻爾同樣不肯草率從事。在這方面也流傳著許多佳話，其中或許以外才克爾（Carl Friederich von Weizsäcker, 1912- ）講到過的一件事最爲典型。1933 年，外才克爾在玻爾的研究所中參加了一個學術會議。會後玻爾讓他就會上討論的某些問題寫一篇綜述文章。文章脫稿後，當然交給玻爾去看。兩星期後，玻爾把他請去討論那篇文稿。當時玻爾正致力於援助從納粹政權下逃出的猶太知識份子的工作，每天工作很多。剛見面時，玻爾顯得非常疲倦。他說：「很、很、很好……

這是一篇很好的文章……是的，現在一切都清楚了……我希望您很快就發表它。」外才克爾心裏想道：「可憐的人吶！他根本就沒來得及看。」但是玻爾卻接著說：「不過我想知道第 17 頁上那個公式到底是什麼意思。」於是外才克爾就解釋了一番。玻爾說：「是的，這一點我懂。但是如果是那樣，第 14 頁上那條小注就應該是說……」外才克爾說：「不錯，我正是那個意思。」於是玻爾又說：「但是，如果那樣的話，那就……」辯論就這樣繼續進行，證明玻爾不但仔細閱讀了文稿，而且全面考慮了所有的細節。一個鐘頭過去了，玻爾打起了精神，而外才克爾卻開始回答不出，有點進退維谷了。兩個鐘頭過去了，玻爾更加精神煥發，而外才克爾可真是招架不住了。三個鐘頭過去了，外才克爾張口結舌，而玻爾終於得出了結論。他滿懷勝利的喜悅而又十分善意地說：「現在我明白了。我明白問題的要點了。問題就在於，全部的情況恰恰和您說的情況相反。」外才克爾是一個絕頂「聰明」和很有外交意識的人，他和玻爾絕不屬於同一類型。當玻爾和海森伯在政治態度和道德準則上發生了嚴重的分歧時（1941年），外才克爾一直是完全站在海森伯一邊（並替海森伯出謀劃策）的。儘管如此，他在多年以後卻還仍然記得上述這件事。他寫道：「當一個人從他老師那裏得到了幾次這樣的經驗時，他就會學到用任何別的方法都無法學到的一些東西了。」❼

作爲研究所的所長，玻爾也有許多事務工作要作，而他也是採用的這種「事必躬親」的辦法。例如，在研究所的房屋建築方面，他就費了許多心血。他不是建築學家，但是他要修改人家的

---

❼ 此事見〔11, 133〕。

藍圖。起初設計師難免有點不高興，但在樓房建好後卻也承認還
是玻爾的意見對。在施工中，玻爾有時要求某些部分的重建。據
說有一次他從正在施工中的地方走過，工人們就指著剛建好的一
堵牆對他說：「玻爾教授，如果您還要挪動這堵牆，就請趁早說
話，等水泥凝固了就不好拆了。」

　　不過，這個故事也可能出諸弟子們的「創作」。在研究所
中，人們和玻爾親密無間，常常和他開些善意的玩笑。人們也取
笑他那種一篇文章修改個沒完的習慣。人們說：「誰也別打算和
玻爾下棋，因為他每走一步都要『悔棋』，所以棋就根本沒法
下。」

4.　「得其門者或寡矣」

　　以上的描述可能使人誤以為玻爾是一個謹小慎微的人，而一
個單純謹小慎微的人是作不成什麼大事的。

　　然而，玻爾卻絕不是那種明哲保身式的鄉愿人物。一旦看準
了門道，他在打破傳統而大踏步前進方面是比誰都有膽量的。愛因
斯坦和玻爾爭論了一輩子，他從來沒有同意過玻爾的哲學觀點，
但是他對玻爾的才能卻作出了很高的評價。他寫道[8]：

　　他具有大膽和謹慎這兩種品質的稀有的結合；很少有誰對
　　隱密的事物具有一種如此直覺的理解能力，而同時又兼有
　　如此強大的批判能力。他不但具有關於細節的全部知識，

-----

[8]　〔32，1，179-180〕，譯文略加修訂。

而且還始終堅定地注視着基本的原理。他無疑是我們這個
時代的科學領域中最偉大的發現者之一。

這是很恰當的和很有見地的評價，很中肯地道出了玻爾身上那些
無與倫比的品質。可惜的是，「如人飲水，冷暖自知」，不對玻
爾一生的工作進行深入而全面的分析和瞭解，就無從真正領會愛
因斯坦這段評論的精闢性和深刻性。

　　一般說來，和別人的作品相比，玻爾的科學論著在層次之
多、蘊涵之富和表達方式之靈活飛動等等方面是與衆不同的。但
是那些論著的主要思想還是基本上可以為一般同行所理解的。與
此相反，他的哲學論著卻非常地難以接近。晚唐詩人李商隱的一
些詩篇向來以「晦澀」著稱，所謂「一篇錦瑟解人難」，所謂
「獨恨無人作鄭箋」，也算得一種千古憾事吧。然而，李詩的難
懂，往往是由於他故意隱諱（戀情的或政治的隱諱），而其表達
方式則是精工而華美的。玻爾的哲學論文則不然。前面說過，玻
爾從來不追求形式上的華美，甚至盡量避免那種華美。他的論文
在外表上總是給人一種樸實之感，絕不驚世駭俗，絕不塗脂抹
粉。玻爾也沒有任何要隱諱的東西，他真誠地希望別人能夠理解
他的觀點，而且他直到晚年總是說自己的觀點「非常簡單」。當
然，他寫文章是極其下功夫的，但他所下的功夫卻不顯露在外表
上。他好像只是平易近人地娓娓而談，但是他的那些議論卻總是
使人感到摸不著頭腦。更常見的情況是，別人自以為「懂」了，
其實卻理解得差之毫釐而謬以千里，原因很複雜。主要是因為：
第一，玻爾的觀點和任何傳統的觀點都絕不相同；第二，他的文
章寫得十分濃縮，許多意思都沒有充份展示出來；第三，而且又

寫得那麼含而不露，那麼深藏若虛，他從來不肯把話說得太死，許多意思要你自己去體會。於是就造成了這種言者諄諄而聽者藐藐的局面。

有一位著名的理論物理學家，在五十年代期間得了諾貝爾獎。他趁到瑞典領獎之便，到哥本哈根去拜訪了玻爾。玻爾陪著他，一邊在花園中散步，一邊和他交談。後來那位物理學家對別人說，他從那次長談中一點收穫也沒有得到。他說，玻爾的聲音很小，英語帶外國口音，說的話他一句也沒有聽懂。請想，聲音小和英語不標準，這當然是事實，但這肯定不是問題的主要原因。那位先生由於在基本粒子理論方面提出了突破性的觀念而獲得了諾貝爾獎，可知他是完全熟悉量子力學和量子場論的運算和推理的，而且一般物理學家對量子理論的理解和運用，也都是以玻爾的觀點（所謂哥本哈根詮釋）為依歸的。但是，問題在於，許多理論物理學家，包括許多諾貝爾獎獲得者在內，都不是玻爾那樣的「業餘物理學家」；他們太專門化了，對量子理論往往知其然而不知其所以然，結果就連玻爾本人的議論也聽不懂了。

物理學家們是這樣，哲學界的朋友們，哲學教授們，又如何呢？那情況就更加一言難盡了。1947年，也就是在玻爾提出「互補性」思想的整整二十年之後，在瑞典的隆德市召開了一次國際哲學家會議。玻爾應邀在會上發表了演講，闡述了自己的互補哲學。演講以後照例進行了討論，但是大家一言不發，也沒人提出問題，因為聽的人全都不得要領。據說最後只有一位社會學家說了一句話：「我們不想把物理學中的困難引入到社會學中來。」這就更加不得要領和令人啼笑皆非了〔8, 80〕。

1962年11月17日，在他逝世的前一天，玻爾接受了 AHQP

的第五次探訪，談論了他自己的哲學思想以及這種思想在全世界的遭遇。他說：「我想，若說沒有一個被稱爲哲學家的人眞正懂互補描述是什麼意思，那將是合理的。」❾後人議論說：「由這位現代原子理論的偉大先驅作出的這種不無遺憾的評論，在今天，也像在五十多年前當玻爾第一次表述他稱之爲互補性的那種哲學時一樣是可悲地眞確的。」〔14,9〕

儘管情況顯得如此地令人沮喪，玻爾卻一直保持了樂觀的態度。在接受那次訪問時，他提到了哥白尼（Nicholas Coper-nicus, 1473-1543）的天文學。他說，當初相信那種學說的人很少，人們把它看成洪水猛獸，布魯諾（Giordano Bruno, 1548-1600）「絕對地」被殺害了，伽利略也受到了迫害。但是，過了一個世代，卻連上學的孩子們也知道哥白尼的學說不是那麼可怕了。他認爲互補哲學有朝一日也會得到同樣的傳播和公認。這是他的信念和希望，是否有根據則只有等待將來的歷史發展來決定了。

關於他那種很難把握的表達方式，在他的研究所中也流傳着一些議論和笑談。一種議論涉及所謂的兩類眞理。據說眞理可以分成兩類。一類是所謂「明擺着的眞理」，那就像一加一等於二那樣地明顯，從而是誰都可以承認的。另一類是所謂「深奧的眞理」：一條「深奧眞理」的相反說法也可以是另一條「深奧的眞理」。

所謂「拉比講道」的故事也是很有趣的。「拉比」就是猶太

---

❾　見 AHQP 對玻爾的探訪紀錄。這種紀錄不允許隨便引用，此處的引文就算是轉引自已公開出版的書好了，見〔14,9〕。

教中的長老。有一位著名的拉比登臺說法，某村派一位青年去代
表聽講。他回來時介紹聽講的情況說，拉比一共講了三次道，一
次比一次精彩。第一次講得「非常好」，清清楚楚，「我能夠聽
懂每一句話」；第二次講得「更好了」，「我有點聽不懂，但拉
比本人是清楚的」；第三次講得「登峯造極了」，「眞是一次偉
大的經驗——我一點也聽不懂，而拉比本人也有點搞糊塗了」。

5.　赤子之心

丹麥是誕生了安徒生（H.C. Andersen, 1805-1875）的地
方。有一位文學家在他的丹麥游記中談到，在丹麥，如果你批評
國王，人們不會干涉你；如果你不喜歡丹麥的奶酪，人們就會覺
得你不過是外行；但是如果你對安徒生有什麼非議，那你就得提
防挨耳光。果然，每當提到安徒生，我的丹麥朋友們無不肅然起
敬。在丹麥提到安徒生，人們不說他是童話家而說他是「詩人」
——他也確實當之無愧。

海森伯也說過，玻爾寫文章時是那樣地字斟句酌，他應該成
爲一個詩人，因爲詩人是最講究遣辭造句的——所謂「吟安一個
字，撚斷數莖鬚」。

我國古人說：「詩人者，不失其赤子之心者也。」在這種意
義上，玻爾也很有詩人的氣質。他是一個非常樸實、非常平易、
非常和善、非常率眞的人。他一生不擺架子，不裝模作樣，總是
以誠待人，和藹體貼，胸無城府，有幽默感。因此，除了和兩三
個人發生過齟齬（其過不在玻爾）以外，他一生交了許多非常親
密的朋友，特別是青年朋友。當然也必須指出，脾氣和善的玻爾

絕不是那種糊裏糊塗、凡事模棱兩可的「好好先生」。他很認真，人們常說他是帶着激情來從事學術活動的；他也有強烈的正義感，在大是大非面前絕不含糊。

二十年代初，他建立了自己的研究所。他積極網羅人才，把許多很有才華的青年人從世界各地吸引到自己的周圍，很快形成了一個活躍的學術集體——他們自稱爲「哥本哈根家族」。

這些青年人來自不同的國度，有着不同的文化社會背景，他們有的緘默，有的活潑，有的嚴肅，有的調皮，有的彬彬有禮，有的放誕不羈。玻爾對他們一視同仁，大而化之，從來不干涉他們的行動，從來不挫傷他們的積極性。青年人可以自己選擇研究題目，「爲所欲爲」。有些人喜歡開精緻的玩笑，常常畫些漫畫、作些打油詩、編些笑話來出玻爾或別人的「洋相」。玻爾也樂此不疲，和青年人打成一片，和他們一起「淘氣」。因此，他的研究所很快就成了一個人們旣在那裏努力工作又在那裏愉快生活的學術樂園，而且不久就成了公認的「量子物理學聖地」或「原子物理學的世界首都」，而那種樂觀向上、活躍積極、無拘無束的「哥本哈根精神」也成了國際學術界的佳話和典型。

玻爾從來不疾聲厲色地責備別人，從來不使用泡利和朗道 (Lev Davidovich Landau, 1908-1968) 所慣用的那種刺激性的語言。他的幾句口頭禪在學術界流傳甚廣，人們常常引用和模仿它們，「以爲笑樂」。當在學術討論中提出自己的意見時，玻爾常常首先聲明：「這不是爲了批判，而是爲了學習。」後來人們把這句印到了他的祝壽文集的封面上。有一位來訪者發表了一篇學術演講，事後有些垂頭喪氣，別人問他怎麼了，他說玻爾說那

篇演講「很有趣」，因為據說「很有趣」就是玻爾所肯提出的「最嚴厲的」評價。

在他的研究所中，經常開些大大小小的會議來討論科學工作中遇到的問題。在這種會議上，人們可以激烈爭吵，各抒己見；他們不講「方式」，不拘「禮節」，而且「完全不管時間早晚」，而且常常在嚴肅的討論中加上一些開玩笑的辭句和小動作。有時候，問題被玻爾（或別人）解決了，那就立刻散會。也有的時候問題一直得不到解決，但是會議總得有個結束的時候，那時玻爾就會總結說，今天開了一個「有趣的」會。

有些客人看不慣研究所中那種打打鬧鬧、滿不在乎的習慣，於是玻爾就解釋說：「有些東西太嚴肅了，以致你不得不用開玩笑的態度來對待它。」有一位來訪者問玻爾：「在您的研究所中，人們是不是對什麼東西都不認真？」玻爾說：「是的，對您這句話也是如此。」當然必須知道，玻爾他們絕不是「嬉皮士」。當幹起工作來時，他們是比誰都更認真的。當納粹德國侵佔了丹麥時，玻爾和他的人員們對侵略者進行了堅決的抵制，那時他們也是絕對認真的。

玻爾總是和青年人平等相處，和他們一起工作，一起行樂。有一次他們半夜回家，從一個銀行旁邊經過。有一個青年人說，那銀行的牆可以爬上去。於是他就去爬，爬了有一層樓高。玻爾也去爬，和他比賽。這時有幾個警察發現了他們，不知出了什麼事，就趕快跑過來看。後來認出了「玻爾教授」，才放心地走掉了。

五十年代期間，丹麥流行一種兒童玩具叫做「顛倒陀螺」。那是一種特殊形狀的陀螺，在旋轉中能夠自己顛倒過來，並用另

外一端（有柄的一端）着地而繼續轉動⑩。玻爾對此物（的運動原理）很感興趣，常和別人一起玩這種玩具。現在我們還能在NBA 的藏品中看到他和泡利一起玩顛倒陀螺的照片。一份很流行的丹麥報紙上也刊登過一幅漫畫，畫的是三個人伏在地上，盯着一個正在旋轉的顛倒陀螺。那三個人代表的是瑞典國王、丹麥首相和玻爾⑪。

　　1961年春天，玻爾最後一次訪問了蘇聯。他的學生，著名蘇聯理論物理學家朗道親自擔任了翻譯。朗道曾問過玻爾，用什麼「秘訣」把那麼多才華出眾的青年人聚集在自己的周圍。玻爾回答說：「沒有什麼『秘訣』，只不過是我在他們面前不害怕顯露自己的愚蠢。」正是這種以誠待人、不拘形迹的坦率態度，使得玻爾不但受到了人們的尊敬而且受到了人們的親近。許多人都回憶說，他們當年來到哥本哈根，所見到的不僅是一位天才的學者，而且是一位有着偉大性格的 human being。

---

⑩ 我在 1988 年第一次訪問哥本哈根時就想買一個顛倒陀螺，但是時過境遷，玩具店老闆都不知那是什麼東西了，後承漢學家柯漢娜女士把她舊藏的一個送給我，現此物已成爲我很珍視的紀念品。

⑪ 漫畫見〔11, 141〕。

第 二 章
玻 爾 的 生 平

驊騮開道路，

雕鶚離風塵。

——杜甫，〈奉贈鮮于京兆〉

1. 在那「奇妙的哥本哈根」

丹麥人常把他們的首都叫做「奇妙的哥本哈根」。這也確實是一座令人神往的文化名城，對於學習和研究量子物理學史的人們說來尤其如此，因為在這裏降生過尼耳斯·玻爾。

1885年10月7日，玻爾降生在哥本哈根臨河街14號他外祖父家，那是一棟非常考究的樓房，離丹麥中央政府不遠。玻爾的祖父是一位受人尊敬的中學校長，有教授頭銜；父親克里斯蒂安·玻爾 (Christian Bohr, 1855-1911) 是生理學家，於玻爾出生後任 KU 的副教授，後升教授；外祖父 D.B. 阿德勒 (David B· Adler, 1826-1878) 是著名的猶太銀行家，曾先後當選為丹麥的眾議員和參議員；姐姐燕妮，比玻爾大兩歲；弟弟哈若德 (Harald Bohr, 1887-1951)，比玻爾小兩歲，後成著名數學家。

玻爾的母親愛倫（Ellen Bohr, 1860-1930），性情溫柔嫻

淑，受到賓客們的稱讚和兒女們的愛戴，玻爾成年以後還在書信
中稱她爲「親愛的小媽媽」等等。玻爾有兩個姨母，其中一位菡
娜・阿德勒 (Hanna Adler, 1859-1947) 終身未婚，獻身於敎
育事業，創辦了男女合校的「黑池學校」，她對玻爾兄弟時常照
看和敎養。

玻爾的父親是一位思想開明的學者。他的專業領域是利用精
密的物理方法和化學方法來硏究生理過程。但是他興趣廣泛，喜
歡文學藝術， 能夠大段地背誦歌德 (Johann Wolfgang von
Goethe, 1749-1832) 的詩篇； 他也喜歡體育， 在丹麥帶頭提
倡英式足球，把兩個兒子都培養成了優秀的足球運動員。被選入
「丹麥王國科學—文學院」以後， 他先後結識了哲學家赫弗丁
(Harald Høffding, 1834-1931)、物理學家克里斯蒂安森 (C.
Christiansen, 1848-1917) 和語言學家 (Philologist) V. 湯姆
森 (Vilhelm Thomsen, 1842-1927)。 因爲生理學家、哲學
家、物理學家和語言學家的外文名稱都以 ph 開頭，他們被稱爲
「四個 ph」。每當科學院舉行例會（每兩週一次，在星期五）
以後，他們常常輪流到各人家中聚會，談論各種問題。玻爾兄弟
漸漸長大以後，他們就被允許旁聽父輩的議論，這在很大的程度
上啓發了他們的思想。

玻爾自幼和平沈靜，而他弟弟則聰明活潑。本來人們認爲，
將來是他弟弟更有出息，但是他們的父親卻對玻爾寄托了更大的
希望，後來的實際情況證實了他父親的看法。

玻爾於1892年入小學，成績優異，尤以數理學科爲然。他在
小學和中學期間交了許多朋友，有的成爲終身至交，大家在關鍵
時刻互相幫助，互相關懷。他自幼性格坦率，發現了敎科書上或

老師講課中的欠妥之處就爽快地指出。

　　1903 年，玻爾進入 KU 的「數學和自然科學系」，主修物理學。當時的哲學教授和物理學教授正是「四個 ph」中的赫弗丁和克里斯蒂安森。有一次，赫弗丁在課堂上講錯了一個問題（據說和邏輯學中的「排中律」有關），下課以後，玻爾也給他指了出來。赫弗丁很虛心地對待了這一情況。他感謝了玻爾，後來還請玻爾代爲校訂了自己寫的書稿。

　　那時哈若德也進了 KU。他們兄弟和哲學課上的另外十位同學組織了一個小團體，叫做「黃道社」（黃道上有「十二星座」），大家常常在一起（在咖啡館中）討論問題──哲學課上的問題和其他問題。

　　1905年初，丹麥科學院舉行幾年一度的有獎徵文。通常應徵的都是有經驗的學者，但是這一次青年大學生玻爾卻決心在物理學方面一試身手。他進一步發展了別人的表面張力理論，在他父親的實驗室中進行了獨出心裁的實驗，詳細研究了水的表面張力，寫出了很有創見的論文。1907年初，他的論文獲得了丹麥科學院的金獎章。後來經過修改和翻譯，論文發表在英國皇家學會的《哲學報告》上❶。這就是玻爾在科學領域中的「處女作」，也是他平生親自動手作過的唯一的實驗研究。

　　1909年多，玻爾獲得了科學碩士學位，學位論文的主題是金屬電子論方面的理論問題。此後不久，他在假期中往訪「黃道

---

❶ 見〔1,1,25─65〕。在這篇論文的審稿過程中，英國的成名學者蘭姆教授（Prof. Lamb）提出了異議。玻爾覆函答辯，指出了蘭姆的錯誤。皇家學會秘書拉摩爾在來信中稱玻爾爲「教授」，玻爾也在覆函中說明了實情。

社」社友諾倫德兄弟時認識了他們的妹妹馬格麗特 (Margrethe Bohr, née Nørlund, 1890-1984) ，這就是後來的玻爾夫人。

　　碩士論文的撰寫喚起了玻爾對金屬電子論的濃厚興趣。他很快就開始了撰寫博士論文的工作。他查閱了大量的資料，對當時已有的各種理論進行了深入系統的分析和發展，寫成了題為「金屬電子論的研究」的長篇論文❷。1911年 5 月，他順利通過了論文答辯，獲得了 KU 的哲學博士學位。不久他就和馬格麗特‧諾倫德訂婚❸，並得到丹麥大企業卡爾斯伯啤酒廠的資助，出國深造一年。他選擇了英國的劍橋大學，於那年九月下旬離開了哥本哈根。

2.　在英國的遇合

　　在他的博士論文中，玻爾廣泛批評了當時許多著名的物理學家的理論觀點。他的批評是以理服人的，但也是直言不諱的。其中被他批評的次數最多的就是英國大物理學家 J.J.湯姆孫 (Joseph John Thomson, 1856-1940)。當時湯姆孫是劍橋大學開文迪什實驗室的主任和教授。玻爾希望自己的工作能夠得到湯姆孫的賞識，並希望能夠在湯姆孫的指導下繼續進行金屬電子論的研究，因此才滿懷熱情地來到了英國，卻沒有想到碰了湯姆孫的釘子。

---

❷ 見〔1,1,43-129 及 293-295〕，並參閱戈革，＜尼耳斯‧玻爾的博士論文＞，載於《自然科學史研究》，1 (1982)，N0. 3，pp. 226-226.

❸ 現在丹麥的風俗是，男女相愛到一定程度，就搬到一起去共同生活；過了若干時間，如果雙方同意，就可以按照自選的方式舉行婚禮，故根本無所謂「訂婚」。玻爾那時當然不同。

他到達劍橋後很快就去謁見了湯姆孫。他帶了博士論文的初步英譯本。當時他的英語還不是很好。第一次見面，他就又按照對待哲學老師赫弗丁的方法，把自己論文中批評湯姆孫的地方指給湯姆孫看。這想必觸犯了這位英國大學者的尊嚴，使他對這位丹麥青年採取了冷淡疏遠的態度。他表面上對玻爾彬彬有禮，也安排了玻爾的生活，但是他不接受玻爾的批評，也不考慮玻爾所提出的理由，而玻爾的博士論文也被擱置起來，既不審閱也不推薦發表。在研究工作方面，他對玻爾採取了不聞不問的態度，從來沒有給玻爾以任何有意義的關懷和指導。

這種情況想必是玻爾第一次遇到。在此以前，他在自己的家庭和學校中一向是受到寵愛和一帆風順的。他本來抱着很大的希望來到劍橋，但是沒過多久，他的滿懷熱情就似乎被湯姆孫的幾瓢冷水所澆滅了。這種遭遇一定使他很感苦惱，而且在他的精神上留下了永久性的烙印。從那以後，他在一切場合都對湯姆孫深表敬佩，從來沒有怨言或微辭，但是他那種直言不諱的批評態度從此沒再出現，而變成一種無比客氣、十分委婉的「世故」態度了。

那年冬季，玻爾認識了當時正在曼徹斯特大學工作的盧瑟福 (Ernest Rutherford, 1871-1937)❹。盧瑟福的豪爽性格吸引了他，於是他就向盧瑟福探詢了到曼徹斯特工作的可能性，並得

---

❹ 關於玻爾最初見到盧瑟福的情況，文獻中向來說是在劍橋。當時盧瑟福到劍橋來參加年度集會，他的言行吸引了玻爾。過了些日子，玻爾就到曼徹斯特去設法會見了盧瑟福。這種情況根據的是玻爾本人的回憶。但是近來派斯核對了當年劍橋開會的紀錄，發現開會是在玻爾去訪問曼徹斯特以後〔12,124-125〕。此事也許還有進一步考證的餘地。

了盧瑟福的積極反響。

　　如所周知，劍橋是鼎鼎大名的學術聖地，而曼徹斯特則主要是一個工業城市。不難設想，如果不是對湯姆孫徹底失望，玻爾是不會離開劍橋的。當時人們對他的離開很感不解，但是他在寫給未婚妻的信中表示終須一搏。

　　1912年3月，玻爾正式轉到了曼徹斯特，參加了盧瑟福領導的科學集體，從此他和盧瑟福建立了終生不渝的家人父子般的情誼，而他的科學生涯也開始走上了勇猛精進的正軌。

　　如所周知，盧瑟福是通過研究 α 射線在物質中的散射規律而證實了原子核的存在。因此，放射線（ α 和 β ）在物質中的散射和吸收，或者說 α 粒子及 β 粒子和物質原子之間的相互作用，顯然是盧瑟福集體的一個主要研究課題。玻爾剛到曼徹斯特時，也按照盧瑟福的建議作了一些這方面的實驗，但是當時他的主要心思還在他的博士論文和金屬電子論上。直到那年的六月間，他才在一個偶然的機會下開始注意了原子理論問題。當時盧瑟福集體中有一位「青年數學家」達爾文（Charles Galton Darwin, 1887-1962，進化論創始人的孫子），寫了一篇關於 α 射線在物質中的吸收的文章。玻爾在這篇文章中發現了一些毛病，並且想出了一些改進的辦法。他在6月12日寫給他弟弟的一封長信〔1, 1,555-559〕中提到了這件事，並第一次提到了「原子結構」字樣。

　　當時離他回國的期限已經很近了。但是他還是不遺餘力地進行了工作，深入獨創地開展了關於原子、分子的結構的理論研究。到了7月6日，他已經能夠向盧瑟福呈送一份論文綱要了。他在這份綱要中闡述了他的關於原子結構和分子結構的全新想法。這

份綱要被後人稱爲「盧瑟福備忘錄」。

3.　一鳴驚人

　　玻爾於1912年 7 月24日離曼徹斯特回國。 8 月 1 日，他和馬格麗特結婚。婚後本打算到挪威去度蜜月，但是玻爾有事要和盧瑟福商量，因此他們夫婦就一起去了英國。在曼徹斯特，他在和盧瑟福討論以後結束了關於運動帶電粒子在物質中的減速的第一篇論文。後來經過盧瑟福的推薦，這篇論文發表在英國刊物《哲學雜誌》上。

　　玻爾從 1912 年秋季開始在 KU 任教，一學期後成爲該校講師。當時他擔任的是醫科學生的物理教學工作，另外還開設了一門叫做「熱力學的力學基礎」的課程。剛開始時，教學工作佔用了他的大部份時間和精力，但是一旦習慣下來，他就重新積極地投入了原子結構的理論研究。

　　在「盧瑟福備忘錄」中，玻爾主要只考慮了穩定狀態(基態)下的原子。他已經初步具備了關於「原子定態」的概念，而且也聯繫了普朗克的量子假說。但是他的思維和推理還失之太原始，而他的許多想法也還遠遠沒有成型。特別是，由於他還沒有考慮原子的激發問題，從而他也就還沒有清楚的「躍遷」概念。因此，他的研究很快就遇到了嚴重的困難，以致基本上陷入了停頓的狀態。

　　1913年初，他和友人漢森（Hans Marius Hansen, 1886-1956）談到了自己的工作。當時漢森指出，研究物質結構，必須很好地分析和利用已有的實驗光譜學的資料。玻爾從前當然也有

過一些光譜學方面的知識，但是他沒有想到把這種知識和自己的研究結合起來。漢森的說法使他開了竅。通過對光譜學資料的進一步分析和運用，他開始了有關原子激發態的考慮。這就使他的思想發生了一次飛躍，使他的「原子定態」概念具備了某種辯證的特點，而他那原子在定態之間進行「躍遷」的想法也漸漸成熟了。

後人把這種發展稱爲玻爾的「二月轉變」。這種轉變引導玻爾大大擴充和充實了他的理論。他以「論原子構造和分子構造」爲題寫成了劃時代的宏偉論文，分三個部份發表在《哲學雜誌》的七月號、九月號和十一月號上〔1,2,159-233〕。這就是後人所說的「偉大的三部曲」。這篇著作再加上玻爾緊接着發表的一些較短的論文，引起了物理學家們的密切注意，所帶來的後果既深且廣，其影響之巨大至少可以和愛因斯坦的相對論媲美。從此以後，微觀物理學開始了突飛猛進的發展，很快就形成了物理學中一個地大物博的新領域，而玻爾也不久就成了這一領域中一位最符衆望的領袖人物。

4.　自強不息

當時玻爾在 KU 的工作條件並不很好。他沒有助手，沒有儀器，也沒有實驗室。這使他很感苦惱。

1914年，C. G. 達爾文在曼徹斯特的聘期屆滿，盧瑟福希望玻爾去接替他，玻爾很高興地接受了聘請。那年夏天，歐洲爆發了第一次世界大戰，海上旅行已不安全，但玻爾還是於那年十月間携夫人到達了英國。他本來打算在那裏工作一年，但因戰爭關

係，實際上待了兩年。在此期間，他擔負了繁重的教學工作，同時孕育了有關「對應原理」的思想。

1916 年，玻爾回國任丹麥政府在 KU 新設置的理論物理學教授職位。1918年，他用英文在丹麥科學院的《院報》上發表了長篇論文〈論光譜的量子論〉的第一、二部份，闡述了「對應原理」的思想和方法。1920年夏天，他應普朗克之邀訪問柏林，第一次會晤了愛因斯坦，並結識了好友弗朗克等等。

早在1919年，玻爾就提出了建立研究所的建議，並得到了官方和朋友們的支持。哥本哈根市政當局提供了地基，大企業卡爾斯伯基金會提供了巨額資助，玻爾的幾個老同學發起了募捐，募集了可觀的款項。當時玻爾的職銜是理論物理學教授，所以研究所就定名爲（哥本哈根）大學理論物理學研究所 (UITF)，但是它的工作範圍絕不僅限於理論，而是從一開始就購置了實驗設備並建了實驗室。研究所原擬在1920年建成，後因施工延期，到了1921年3月3日才正式舉行落成典禮。從那時起，這個研究所就成了玻爾學術生活的主要根據地，在二十年代就成了全世界量子物理學發展的「司令部」，而且它至今仍活躍在科學研究的最前線，被人們認爲是量子物理學史上最值得注意的學術中心。玻爾逝世以後，這個研究所於1965年正式改名爲「尼耳斯·玻爾研究所」(NBI)。

5. 諾貝爾物理學獎

1921年，玻爾因操勞過度而健康受損，許多原定的國際學術活動都沒能去成。但是，到了年底，他就恢復了精力，並進一步

地發展了原子結構的量子理論，特別是開始了化學元素週期表的理論詮釋工作。這種工作立即引起了物理學家們和化學家們的強烈興趣。

　　1922 年 6 月，玻爾應德國格廷根大學沃耳夫斯凱耳基金會（Wolfskehl Foundation）之邀前去講學。他在那裏發表了七篇演講，闡述了各元素的原子結構和它們的物理性質及化學性質，並且從原子結構的角度詮釋了元素週期表的形成。這次講學被稱爲格廷根的「玻爾節」，而玻爾那些演講則被稱爲「玻爾的節日演出」。正是在這個「節日」中，玻爾在格廷根第一次認識了奧地利青年泡利和德國青年海森伯，並且主動作出了請他們在適當的時候到哥本哈根來訪問的安排。我們知道，泡利和海森伯很快就成了「哥本哈根家族」的骨幹成員，並且都在新量子力學的創立和發展方面起了決定性的作用。因此，也許可以並不誇張地說，玻爾在 1922 年的格廷根之行，事實上就形成了新量子力學興起的「契機」❺。

　　在當時，元素週期表上還有一些空缺，其中最引人注目的是第72號位置上的空缺。玻爾按照他自己的理論預見到，第72號元素的性質應該和元素鋯的性質相近。但是也有幾位(法國)學者認爲該元素應該屬於稀土族，並且自稱已經發現了這種元素。假如他們的意見得到證實，那就將是玻爾原子結構理論的一大難題。因此，當時的第72號元素的尋求，就曾經是原子物理學中的一個關鍵問題❻。

---

❺　關於玻爾對格廷根的訪問，參閱黃紀華，〈格廷根的「玻爾節」〉，載於《自然雜誌》（上海），8 (1985)，No. 9, 611–615。
❻　參閱黃紀華，〈衆裏尋他千百度——第72號元素鉿的發現〉，載於《自然雜誌》（上海），10 (1987)，No. 12, pp. 940–942。

1922 年 12 月，「由於他在研究原子結構和研究原子所發射的輻射方面的貢獻」，玻爾獲得了諾貝爾物理學獎。12月11日，當授獎儀式即將開始時，玻爾接到了從哥本哈根打來的電話。人們通知他，兩位在他的研究所中工作的科學家，已經在鋯礦石中確定地找到了第72號元素，而且已經不容置疑地證實了玻爾的預言。這一發展，恰好使玻爾能夠在領獎的過程中正式公佈了這方面的最新結果。按照哥本哈根的古名，新發現的元素被命名爲 Hafnium，中文譯名爲「鉿」。

6.　量子力學的誕生及其物理詮釋
——互補性觀點的提出

量子力學的誕生是二十世紀學術史中的一件大事，已經有許多人進行過不同詳盡程度的論述，我們在此不再多談。史學家們常常滿懷激情地把本世紀的二十年代（主要是 1925-27年）稱爲現代物理學史中的「黃金時代」、「英雄時代」或「激動人心的時代」。事實上，在1925年前後的短短兩三年內，新的量子力學在不同的地區以不同的形式並通過不同的思維路線而蓬蓬勃勃地萌發了出來，而後又在很短的時間內，這些不同姿態的幼芽就通過不同學者的不同處理而迅速地成長壯大了起來，達到了殊途同歸、融會貫通、枝繁葉茂而開花結果的相對完整的階段。在這種「革命式的」快速進步中，玻爾並沒有親自動手寫許多論文，但他確實起了「樂隊指揮」或「總司令」的作用，其功勞是不可磨滅的。

但是，當量子力學的數學表述形式已經初步完成時，卻立卽

出現了這種表述形式的物理詮釋問題，而對於玻爾來說，這種問
題不啻是歷史提給他的一種舍我其誰或當仁不讓的時代任務。他
意識到了這一點，所以才在1927年9月間正式提出了他醞釀已久
的關於「互補性」的觀點。從那時起，雖然他還間或抽一兩年的
時間來集中精力研究某一個物理課題，或是用一定的時間來從事
爭取世界和平的活動，但是他在內心深處所經常念念不忘的，卻
主要是他的哲學思想的充實和發展了。

　　玻爾哲學觀點的概略介紹，正是我們這本小書的主題，因此
我們把有關的問題留到後面幾章中再來論述。

7.　入居「榮譽府」

　　丹麥偉人 J. C. 雅科布森（ Jocob Christian Jacobsen,
1811-1887 ）是一個艱苦創業的典型人物。他幼年間曾在啤酒作
坊中當學徒，同時到大學中當旁聽生；後來他創辦了卡爾斯伯啤
酒廠，漸漸成了富可敵國的大企業家。他人格高尚，關心社會，
興辦了許多重大的公益事業，填補了國家力量的不足。他熱心科
學，設立了以扶助科學工作為宗旨的（老）卡爾斯伯基金會。按
照他的遺囑，他在身後把財產全都留贈給基金會，包括廠房和
設備等等不動產在內。這就使該基金會成了丹麥數一數二的大企
業。

　　在 J. C. 雅科布森到南歐旅行時，意大利的麗貝古城給他留
下了深刻的印象。後來他就讓人參照那種風格，在他的廠區附近
給他建造了精美而宏偉的住宅。他在遺囑中規定，在他身後，住
宅留給丹麥最傑出的科學家、文學家或藝術家作為免費的終身住

所，第一人逝世以後另換第二人，人選由科學院公議。因此這所
住宅就得到了「卡爾斯伯榮譽府」的名稱❼。

　　第一位住戶是玻爾的哲學老師赫弗丁，第二位就是玻爾。他
們全家於1932年夏天遷入，在那裏住了三十多年。寬敞考究的府
邸給玻爾的生活和工作提供了很大的方便，這是一般的「知識份
子」所無法企望的!

8.　原子核的「液滴模型」和重核的裂變

　　玻爾對原子核感興趣是很自然的，因爲他本來就是盧瑟福的
得意門生,而原子核正是由盧瑟福發現的。當年在曼徹斯特（1912
年），玻爾還是一個名不見經傳的青年。據說就是在那時，有一
次人們討論到 β 粒子（卽電子）的來源，而盧瑟福就說：「去問
玻爾!」事實上，玻爾當時已經意識到 β 粒子是從核的內部發出
的了。

　　到了三十年代初期，隨着量子力學中激烈「革命」形勢的略
趨平息，特別是隨着中子和正電子這兩種新粒子的被發現，人們
的注意力開始更多地轉向了原子核的研究。

　　當時人們已經開始意識到，構成原子核的成份粒子，不是以
前所設想的質子（卽氫核）和電子而是質子和中子。因此，當掌
握了適當的中子源時，人們就試圖把中子送到自然界中最重的原
子核卽鈾核中去，以期通過二者的反應而得到比鈾核帶有更多的

---

❼　參閱戈革，〈訪問卡爾斯伯榮譽府──哥本哈根見聞之六〉，載
　　於《自然雜誌》（上海），**13** (1990)，No. 4, pp. 237-238。

正電的「鈾後元素」的原子核。這樣就可能得到人造的「鈾後元素」。當時在羅馬工作的費密（Enrico Fermi, 1901-1954 ）很努力地進行了這種探索，得到了許多由中子誘發的核反應。問題在於，其中的許多核反應都不能用當時已有的理論來加以解釋，因此人們迫切地感到需要一種合用的原子核模型，而所謂核的「液滴模型」正是在這種局面下應運而生的。

關於「液滴模型」的誕生過程，人們有一些不同的說法，我們在此不再贅述。無論如何，玻爾的概念是起了主導作用的。

有人說，在當時的物理學家中，「只有」玻爾才具有提出液滴模型的學識基礎，因為只有他才最熟悉液體內部各物質單位（分子）的運動形式。這話也許說得太「絕」，但是也不容否認，玻爾在上大學時對液體表面張力進行過的研究，無意中給他三十多年後的工作埋下了重要的「伏線」。

按照核的液滴模型的想法，構成一個原子核的那些質子和中子同稱「核子」，而各個核子是像構成一個液滴的那些分子一樣由某種短程力來互相結合着的，所不同的是核中的結合力比分子中的結合力要強得多。這樣，適用於液滴的一些概念，例如表面張力等等，就可以大致地也適用於核。因此就可以認為，核中的能量也在各個核子中有一種統計的分佈。當一個中子從外界進入一個核中時，它的能量就通過碰撞而很快地分配給許多個核子，結果入射的中子和原有的核子就全都能量太低，不足以從核中逸出。於是它們就暫時保持在一起，形成一個新的「複合核」。過了一段時間，複合核中個別的核子或核子集團可以由於熱運動的漲落現象而偶然得到很高的能量，從而可以克服表面張力而逸出核外，就像液滴中的個別分子可以蒸發出去那樣。於是複合核就

重新分裂成兩部份，即一個較大的核和一個小得多的「碎屑」。這就是液滴模型所表示的核反應的圖景。

　　玻爾在1936年前後提出了液滴模型。這種模型對核反應的解釋，在許多事例中被證實為和實驗相符。這是人們所提出的第一種相對正確的原子核模型，它在當時確實起了重要的指導作用，而且在今天也還沒有完全過時。正如玻爾的兩位合作者在一篇合撰的文章中指出的那樣〔5, 134〕：

　　　　很少有一篇論文，像玻爾在1936年在哥本哈根的科學院中
　　　　發表的演講那樣支配了我們的思維。在它出現以後的十八
　　　　年中，它曾經對原子核反應的分析發生了決定性的影響。

　　液滴模型的最引人注目的成功，肯定是關於重核裂變的闡明。在這方面，玻爾也作出了具有決定意義的貢獻。

　　尋找「鈾後元素」的努力帶來了許多迷離撲朔的結果。費密的一些結果，曾被當時的意大利獨裁政權吹噓成「法西斯文化的勝利」。在納粹德國，這種工作曾由於1938年奧籍女猶太物理學家邁特納（Lise Meitner, 1878-1968）的出走而受到了阻滯。1938年的聖誕節期間，已經逃到瑞典的邁特納收到了她的老同事哈恩（Otto Hahn, 1879-1968 ）從德國寄來的信。信中報道，在中子誘發的鈾核反應的產物中，發現了放射性的鋇元素。這一消息使邁特納甚感困惑。那時在哥本哈根工作的她的外甥弗里什（Otto R. Frisch, 1904-1979 ）到瑞典來和她一起過節。他們共同分析了哈恩報道的結果，根據液滴模型的理論進行了能量的估算。他們想到，這種結果可能代表了一種新的核反應。在此以

前，一切已知的核反應都可以概括成這樣的過程：一個原子核，自發地或在外界的影響下掉下一些「碎屑」來；就是說，放出的部份（α，β 等等）永遠比原有的原子核小得多。現在，按照邁特納他們的推測，哈恩所得到的核反應卻可能是另一種情況：在俘獲了一個中子以後，鈾核發生強烈的振動，終至分裂成大小相近的兩塊。他們的推測後來得到了證實，而這種過程則被命名爲「裂變」。

據說，當弗里什回到哥本哈根時，他當然向玻爾滙報了情況。但是他剛說了兩句，玻爾就嚷起來：「啊！我們這些人當了多大的傻瓜呀！不過這眞是妙極了！事情當然正是這樣！……」這就表明，玻爾一下子就明白了弗里什他們的想法，因爲那種想法本來就是從他的液滴模型概念推演出來的。

當時玻爾正要動身去訪問美國。在去美的海船上，以及在到了美國以後，他都和靑年合作者們一起進一步追索了裂變過程的機制、後果和可能性。他和惠勒（John Archibald Wheeler, 1911- ）聯名發表的有關裂變機制的論文，成了那一時期最重要的文獻❽。

如所周知，裂變現象的發現和研究，正式打開了核能時代的大門。

9. 反對法西斯和爭取世界和平

玻爾的天性和他自幼所受的敎育，決定了他成爲一個偉大的

---

❽ 關於裂變的發現及研究，文獻甚多，可參閱〔1,9, 3-83〕。

民主主義者和人道主義者，他絕不可能和任何極權份子有絲毫共同的語言及思想基礎。另外，他的母親是猶太人，而按照希特勒（A. Hitler, 1889-1945）一夥的「邏輯」，他們全家都在壓迫和消滅之列，這就更加決定了玻爾和納粹勢力的誓不兩立。

　　當1933年希特勒在德國上臺時，許多本國的和外國的知識份子都還對納粹抱有幻想，但是玻爾卻不然。他很快就以學術訪問的名義去了德國。他巡視了若干城市，瞭解了德國知識份子的處境，安排了他們必要時出走的渠道。回國以後，他又和他弟弟等人組織了支援流亡知識份子的委員會。在一段時間之內，他的研究所成了流亡知識份子的「第一站」，而他本人也得到了「地下交通總調度」的美名。他利用自己崇高的學術聲望和廣泛的國際聯繫，積極主動地爲許多流亡學者找到了安身立命的去處。

　　1938年8月，在丹麥埃爾西諾市的克倫堡故宮（所謂「哈姆雷特城堡」）召開了國際人類學和人種學會議，玻爾應邀在會上發表了演講。在演講中，當談到人類文化時，他提出了和希特勒針鋒相對的觀點，以致引起了與會的德國代表的退席抗議。

　　第二次世界大戰在歐洲爆發（1939年）以後，有人勸玻爾送一個兒子到美國，但他婉言謝絕。

　　1940年4月，納粹德國控制了丹麥。玻爾和他的同事們對侵略者採取了堅決抵制的態度，並和不久以後出現的地下抵抗力量保持了密切的聯繫。

　　1941年10月，已經開始受到納粹重用的海森伯到哥本哈根參加德國人主辦的一個會議。他趁機訪問了玻爾，並在榮譽府的書房中和玻爾進行了密談。結果他們話不投機，不歡而散。關於他們當時談話的內容，後來人們有許多非常不同的說法，而某些別

有用心的德國人（及其同情者們）也散佈了許多顛倒黑白的流言蜚語，以致這個問題竟似乎成了「懸案」。然而這實際上不成其為懸案。根據他們二人一貫的言行和政治態度，任何有點頭腦而又沒有太頑固的成見的人都不難自己看出事情的真相來❾。問題在於，他們二人的隔閡後來一直沒有消除，而許多荒唐的議論直到現在也還流行甚廣。

在丹麥淪陷期間，外國友人多次向玻爾傳遞信息，表示歡迎他到更安全的國家中去，並且表示可以滿足他任意的要求。但玻爾一直婉言謝絕，他寧願留在自己的研究所中苦苦撑持，直到實在支持不下去時才肯離開。

1943年9月，德國人決定逮捕丹麥境內的所有猶太人。玻爾得到消息，才不得不在9月29日的夜間，在抵抗力量的安排下乘漁船逃到瑞典。第二天德國人就開始了大逮捕，玻爾的姨母茵娜·阿德勒以九十多歲的高齡被捕，後經丹麥許多名人營救，才免於難。

過了不久，英國人就先後派軍用的蚊式飛機把玻爾和他的第四子奧格·玻爾（ Aage Bohr, 1922- ）接到了英國。稍事停留以後，他們就去了美國，參加了原子彈的研製工作。

美國著名的理論物理學家費曼（ Richard Phillips Feynman, 1918-1988 ）曾經回憶說，當時在洛斯阿拉莫斯的原子彈研製基地上，集中了一些「大人物」，他們大多得過諾貝爾獎，

---

❾ 例如，請參閱戈革，＜W·海森伯的學術和人品＞，載於《自然辯證法通訊》，**12** (1990)，No. 1，63-74。該文因受篇幅所限，有許多問題都未涉及或未討論徹底。

年歲較大，地位很高，但是，費曼說，甚至在這些大人物眼中，玻爾也是「一尊偉大的神」。另一方面，玻爾自己則說，他到美國不是爲了幫助人們製成原子彈，因爲沒有他的幫助原子彈也能製成，他的目的主要是和人們商量如何對待即將製成的原子彈。

　　早在他剛到英國並瞭解了原子彈的研製情況時，玻爾就意識到了這種可怕的新武器必將帶來許多嚴重而複雜的國際問題。在倫敦，他和英國的高層人物商討了這種問題。到了美國以後，他一方面和科學同道們討論這種問題，一方面通過各種渠道向英美的最高當局申訴了自己的主張。他奔波於倫敦和華盛頓之間，會晤了英國首相邱吉爾（W.L.S. Churchill, 1874-1965）和美國總統羅斯福（Franklin D. Roosevelt, 1882-1945）。他向他們建議，早在原子彈製成以前，就應該向蘇聯通報消息，並和他們及早商定將來控制這種武器的辦法。在當時的情況下，他的這種建議當然不會被英美決策人所接受，甚至邱吉爾還對他發生了嚴重的誤解，幾乎下令拘捕了他。但是，在幾十年後的今天，人們卻不能不佩服玻爾的先見之明了。

　　玻爾一直堅持了自己的看法。在第二次世界大戰結束以後，他所承擔的關於原子彈的保密責任已自動解除，於是他開始公開地在報刊上發表文章，在國際會議上發表演講，向全世界積極宣傳自己的主張。他的這些活動也引起了某些人的疑忌。美國的聯邦調查局從五十年代起收集有關他的材料，現已解密的就有五百多頁。

　　玻爾鑒於當時國際關係的日趨緊張，在 1950 年發表了一封〈致聯合國的公開信〉。他在這份著名的歷史文件中，系統地闡述了自己的觀點。他呼籲各國以誠相見，共同建立軍備監察制

度，造成一個「開放的世界」，以確保國際上的持久和平。他的這些主張在當時並沒有得到各國的贊同。但是，今天人們正在進行的一些談判和嘗試，卻在某些重要方面和當年玻爾的設想頗多相似之處。

玻爾繼續參加了一些國際和平運動，出席了一些國際會議。他不贊成多講華而不實的或譁衆取寵的空話，認爲沒有可靠的監督制度就無法實現軍備控制。他的這些活動雖然沒有取得卽時的具體效果，但在人們的思想上卻肯定是留下了深刻的印象的。

10.　勳章和族徽

丹麥政府頒發的勳章共有兩種：一種叫做「國旗十字勳章」，又分幾個等級，可以發給一般的官員或平民；另一種更高級的叫做「寶象勳章」，那是一個金質的小象，只有一個等級，佩帶方式有嚴格的規定。這種勳章通常只發給王室成員和外國的元首，平民非有殊勳是得不到的。

通常一個人先要得到最高級的「國旗十字勳章」，才有資格再得「寶象勳章」。但是玻爾卻在1947年獲得了「寶象勳章」，成了有史以來丹麥平民破格獲得這種勳章的第三人。那時他還沒有得過最高一級的「國旗十字勳章」，八年以後才得到了「補授」。

按照規定，獲得「寶象勳章」的人就相當被封爲貴族，他應該有一個「族徽」（coat of arms）挂在丹麥弗里德利克堡故宮的敎堂中。玻爾採用中國的「太極圖」來當作了族徽的中心圖

案，以寓「陰陽互補」之意❿。

11.　「原子為和平」

1957 年，美國福特汽車公司基金會設立了「原子為和平」獎，獲獎人可得一枚金獎章和 75,000 美元的獎金。當時的評獎人選了丹麥人尼耳斯・玻爾作為第一屆獲獎人。那年的 10 月 24 日，在美國科學院的大會堂中舉行了授獎儀式，許多名人和科學家出席，其中包括美國總統艾森豪威爾（D. D. Eisenhower, 1890-1969）。

十幾年前，邱吉爾曾懷疑玻爾「心懷叵測」，認為他陰謀把原子彈的秘密洩漏給蘇聯。當時玻爾的意見得不到人們的理解，情況是很可遺憾的。經過他的奔走呼號，形勢終於有了一些變化。「原子為和平獎」的發放，不但代表了社會對玻爾的偉大科學成就的肯定，而且代表了人們對他的和平努力的承認。因此派斯曾說，1957年 10 月 24 日，大概是玻爾平生最為感慨系之的一天了〔12,2〕。

12.　安詳的逝世

玻爾一生體格強健，精力充沛，愛好足球、爬山和滑雪。他工作起來特別賣力，有時勞累過度，除此以外沒害過什麼大病。

---

❿ 較詳細的介紹請參閱戈革,〈玻爾的族徽——哥本哈根見聞之八〉, 載於《自然雜誌》（上海），**13** (1990), No. 6, pp. 374-375。

他直到七十多歲時還爬上腳手架去檢查研究所的擴建工程，也曾爲了發展丹麥的核能工業而親赴格陵蘭視察鈾礦的勘探情況。1962年夏天，他到德國去參加一個會議，當時曾發現輕微的腦溢血症狀，經調養後康復。1962年 11 月 16 日，他主持了丹麥王國科學院的會議；17日，他接受了 AHQP 的第五次探訪，並在工作室的黑板上畫了草圖來說明他的「互補性」思想；18日，他在午飯時偶感頭痛，飯後於午睡時因心臟病突發而溘然長逝，享年七十七歲。當時他的第四子不在國內，故延至 12 月 24 日才舉行了形式非常簡單的葬禮，骨灰葬於家庭墓穴中，和父母姊弟等人合葬。

　　一代偉人尼耳斯·玻爾去世了。他那種不遺餘力地探索自然奧秘和開創思想新境的治學精神,給後世留下了光芒耀目的典範。他在科學上的劃時代的成就和在哲學上的獨創性的見解，給人類留下了不可多得的精神遺產。他那種樂觀入世、豁達開朗、樂於助人、淳樸和善的生活態度，將永遠受到學術界的懷念和景仰。他的親密助手和哲學傳人雷昂·羅森菲耳德說得好⓫：

> 感謝玻爾，他使我們的科學視野和哲學視野得到了驚人的擴展，他給我們提出了更豐富、更和諧的世界觀，提出了使科學的疆域更加廣闊、使科學的呼聲更富於人性的科學功能觀。但是，對於我們這些有幸和他相識的人們來說，他所賜予的最寶貴的禮品卻是一個光輝的典範——如此熱誠地獻身於真理、如此充滿着智慧和人性的一生。他的姓

⓫ 同第一章注⓮。

名記載在史册上，和牛頓及愛因斯坦的姓名相並列。他在
我們心中佔據着那些最親愛的人們的位置。

13.　幾點補遺

玻爾和他的夫人感情極好，片刻不見就會想念。除戰爭期間
（夫人留在瑞典）外，他每次出國都是和夫人一起。他們一共生
了六個兒子，只因幼子夭折，故有些文獻上誤記爲五個兒子。其
中第四子成爲著名的核物理學家，和別人一起合得了1975年度的
諾貝爾物理學獎。

玻爾除領導自己的研究所達四十年之久以外，還任丹麥科學
院主席多年，此外還擔任過丹麥的原子能委員會主席和防癌協會
主席等職務。他一生獲得了許許多多的榮譽，是全世界許多著
名大學（包括當年他在那裏很不得意的劍橋大學）的榮譽博士，
也是許多權威學術團體的成員。他對著名的學術機構「歐洲核研
究中心」（CERN）和「北海地區理論原子物理學研究所」（N-
ORDITA）的創立和發展也起了決定性的作用。

玻爾自幼在他父親的誘導下接觸了一些文學藝術作品。他熟
悉歌德的著作，在劍橋時曾經閱讀狄更斯（Charles Dickens,
1812-1870）的小說以改進自己的英文。他交了一些丹麥文學藝
術界的朋友，喜歡「現代派」的抽象作品，尤其喜歡法國印象派
畫家賽尚的作品。他也喜歡冰島的傳奇故事和一位挪威詩人的作
品。

1937年，玻爾攜夫人及次子作環球之行，先到美國，後到日
本和中國。他們於5月16日抵達上海，先後訪問了上海、杭州、

南京和北平（現在的北京），於 6 月 7 日乘晚車去東北，由西伯利亞鐵路經蘇聯回國。 他們離華正好一個月以後， 日本侵華戰爭即爆發⑫。 在華期間， 玻爾在各大學發表了演講， 遊覽了西湖、明孝陵、中山陵、明十三陵、故宮、天壇和長城等地。現在 NBA 的照片庫中有一本專門的照片簿， 上面有他們當年在中國拍攝的許多照片。

---

⑫ 當時玻爾的次子漢斯·玻爾曾用丹麥文寫了日記。1989年，承他寄贈有關訪華部分的英譯稿。我徵得他的同意，譯成中文發表，見《中國科技史料》，**11** (1990)， No. 2, pp. 88-96。

第 三 章

玻爾的科學貢獻

李杜詩篇萬口傳，
至今已覺不新鮮；
江山代有才人出，
各領風騷數百年。

——趙雲崧, <論詩絕句>

1. 一張照片和一座紀念碑

哥本哈根 NBA 的藏品中有一張玻爾的半身照片，胸前掛滿了勳章和綬帶，想必是在參加什麼大典時拍攝的。當我想要一張這種照片的加洗片時，卻遭到了婉言謝絕。人們說，當年玻爾很不喜歡這張照片，認為不宜隨便發表，因為那些勳章太多了，顯得很俗氣。然而那些勳章的存在，卻是不容否認的事實。

說也湊巧，美國理論物理學家，當年玻爾的學生和合作者 J.A. 惠勒，曾經比喻地說[1]：「久經戰陣的大英雄不但會在胸前

---

[1] J. A. Wheeler, Niels Bohr, The Man 見 *Physics Today*, **38** (1985), No. 10, pp. 66–72。

佩帶一些偉大勝利的勳章，而且也會佩帶很長一排綬帶，其中每一條綬帶都標誌着他用自己的膽略所取得的比較不太費事的一項戰績。」他認為，玻爾也有許多特別偉大的勝利和比較輕取的戰績。

在談到玻爾平生所取得的最偉大的勝利時，惠勒描述了普林斯頓大學的物理樓前的一座玻爾紀念碑。紀念碑的碑身是一個抽象的幾何造型，但是它的底座上卻刻得有文字。底座朝北的一面上，刻的是玻爾的姓名和生卒年份；朝東的一面上，刻的是「原子結構和核結構的闡明者」；朝西的一面上，刻的是「互補原理的創作者」，並刻有太極圖和玻爾族徽上的拉丁銘文（意為「互斥即互補」）；朝南的一面上，刻的是玻爾〈致聯合國的公開信〉中的一段話❷。在這裏，表示了玻爾在三個方面的偉大貢獻，那就是他對自然科學、哲學和國際和平的偉大貢獻。關於他參加和平運動的情況，我們已經在上一章中作了概略的介紹；關於互補原理，我們將在後面各章中加以論述；關於他在自然科學方面的成就，我們在上一章中只描繪了一個輪廓，還沒有涉及什麼具體的內容。但是，不對玻爾的科學成就作些初步的瞭解，也很難真正理解他的哲學思想的精髓，因此我們將在本章中試着解決這一問題。

然而，全面地考察玻爾的科學業績，那肯定是一個十分巨大而繁重的研究任務，從而絕不是本書的篇幅所能容納的問題。因此，我們所準備介紹的，也仍然是某種綱要而已。當然，為了盡

---

❷ 美國紐約 AIP 的「尼耳斯・玻爾圖書館」中藏有這些刻辭的照片。

量準確地理解玻爾的思想，對他的科學工作肯定是越多瞭解一些
越好；但是眞正作起來，我們也只能按照現實的可能性來安排我
們的計劃了。

2. 玻爾的學術根柢

玻爾在求學階段打下了很好的學術基礎，這對他後來的發展
肯定起了必不可少的保證作用。按照他當時的同學們的回憶，他
在課程上所下的功夫，常常是大大超過了敎授的一般要求的；就
是說，除了必讀的內容以外，一般他還要閱讀許多更高深的資
料，作更多的習題，等等。

他從一開始就是走的理論物理學的路子。但是他同時也一直
很重視實驗，特別是重視對於實驗細節及現象本質的分析和掌
握。通過關於水的表面張力的研究，他身體力行地領略了實驗工
作的甘苦。據說他一度迷上了吹玻璃，以致他父親不得不出面干
涉，才沒有影響他全局工作的正常進行。事實上，他一生最令人
敬佩的絕技就是特別擅長從錯綜紛亂的現象和數據中抽繹出理論
的條理來。他像一個在原始密林中試探前進的探險家，永遠緊緊
地抓住經驗的藤蔓而不被它們所縺絆；他總是跳躍着前進，巧妙
地避開黑暗中的坑坑坎坎，而終於會發現未之前聞的世外奇境。
人們把這種本領叫做「物理直覺」，這在很大程度上並不是學而
能之的。也許可以說，這種物理直覺正是玻爾這樣的「業餘物理
學家」的最難能可貴的看家本領。在這方面，當時的物理學家大
概誰也比不上玻爾。

通過「天體力學」課程的學習，他掌握了古典力學，特別是

分析力學的方法。這種知識使他後來能夠跟上原子結構理論的迅速發展的步伐。通過碩士論文和博士論文的撰寫，他接觸了新出現的量子概念，並熟練掌握了古典統計力學的方法，這對他後來的學術思想的發展顯然起了經常性的重要作用。

在博士論文的準備過程中，他閱讀了大量的有關文獻，包括當時最新的文獻。特別值得注意的是，他在博士論文中，系統地處理了所謂「溫度輻射」（即現在所說的「熱輻射」）的古典理論，研究了這種理論的界限。他提到了普朗克和愛因斯坦，並對他們的工作作出了很有見地的同情評價。他寫道〔1,1,378-379〕：

> 因此，如果人們堅持保留〔輻射的〕電磁理論所依據的那些基本假設，那就似乎不可能解釋輻射定律……我們將不再接下去討論在電磁理論中引入根本變動的那些努力，那些努力似乎正在導致很有興趣的結果呢。

在論文的結尾處，他討論了物質的磁性問題，而整篇論文的最後一句話則是〔1,1,395〕：

> 在電子論的目前發展階段，根據這一理論來解釋物質的磁學性質看來還是不可能的。

在這裏，二十五歲的青年玻爾明確意識到了古典理論在某些現象領域中的無能爲力，而他所說的「在電磁理論中引入根本變動的那些努力」，顯然就是指的普朗克和愛因斯坦的量子理論。他在

得出這些結論時，是經過了細心愼重的分析和思考的，他絕不是那種主觀盲動的「闖將」式的人物。論文是在1911年春季完成的；在那一年的秋季，在比利時首都布魯塞爾召開了第一屆索爾維國際物理學會議，會議的主題正是「輻射理論和量子」。在那次會議上，雖然某些有遠見的物理學家已經承認了量子概念的重要性，但是包括普朗克本人在內的另一些人卻還沒有放棄把量子概念建築在古典理論的基礎上的希望。這就是說，按照那些大物理學家的設想，量子概念也許並不是多麼「根本性的」變動。由此可見青年玻爾的觀點在當時是如何地難能可貴了。

至於他對磁性的見解，也在歷史上比別人的見解領先了十年。

總之我們看到，當玻爾在1911年9月間束裝就道而開始走向廣闊的世界時，他至少已經在兩個方面作好了相當充份的準備：一方面，他已經相當深入而熟練地掌握了古典物理學的基礎理論，能夠用來對付所遇到的新舊問題；另一方面，他也清楚地意識到了古典理論的局限性，如果古典理論的「天」在什麼地方塌下來，他並不會大呼小叫地驚慌失措。他有如一位初入「江湖」的俠客，練好了過人的武功，滿懷雄心地去闖天下；他絕不是那種亂殺亂砍的莽夫，而是從一開始就表現爲一位智勇雙全的帥才。

3. 運動帶電粒子在物質中的通過

在起初，所謂運動帶電粒子主要是指從天然放射性元素中放出的α粒子和β粒子。當這種粒子在物質中通過時，由於受到物

質中各原子核和電子的影響，粒子速度的方向和大小就會發生變化。速度方向的變化就叫做粒子的散射；速度大小的變化就叫做粒子的吸收。研究不同的粒子在物質中受到散射和吸收時的規律，就是探求物質之微觀結構的一種非常重要的方法。例如，正是通過研究 α 粒子的散射，盧瑟福才發現了原子核，從而才開闢了原子核物理學這一全新的研究領域。

玻爾也是從這種問題的研究來進入原子物理學的。他在曼徹斯特起草的第一篇論文，（1912年），正是研究的這種問題。這篇論文完成於1912年8月（新婚期間），次年初春發表在英國期刊《哲學雜誌》上〔1,2,17-39〕。又過了兩年，他又發表了關於這種問題的第二篇論文〔1,2,59-90〕。在隨後一段相當長的時間內，玻爾的這兩篇論文幾乎成了這一領域中最重要的經典。

在1913年以後，玻爾的主要精力當然放到了原子結構的理論探索方面。但是他的注意力還常常回到粒子在物質中的穿透問題上來。特別是當人們發現了重核的裂變以後，裂變產物中有一些比 α 粒子（氦核）重得多的粒子，而研究這些粒子在物質中的運動規律將可以得到一些新的信息。玻爾在這方面作了很重要的工作。在丹麥被納粹德國佔領的期間，玻爾和外界的聯繫接近斷絕。他「隱居」在自己的研究所中，除了別的工作以外，還系統總結了運動帶電粒子在物質中的穿透問題，寫出了長篇論文。文稿幾經輾轉，直到1948年才正式問世，後來還出版了單行本。

玻爾在這方面的著作，收集在他的著作集中，成為該書已出版的各卷中最厚的一卷（第八卷）。

4.　最大的一步

不論從整個原子物理學或量子物理學的發展來看，還是從玻爾一生的全部學術成就來看，他的「偉大的三部曲」的問世都是一件最值得大書特書的歷史事件。像狄喇克那樣精審的理論物理學家，就不止一次地追憶過當時自己的觀感。他認為，光譜線的「組合原理」，其實只是一種無可奈何的「遁辭」，而「直到玻爾建立了他的原子模型時為止，這種遁辭並沒有真正給出任何理論」〔31,4〕。他接着說：

> 玻爾的這種模型或許是原子理論發展的一切步子中的最大的一步……這確實是物理學家的自然觀方面的一種巨大的發展，而且它或許激烈得不能僅僅被說成是什麼成見的破除。

他在另外的場合下也說過❸：

> 我記得我在第一次聽到玻爾理論時感到非常地驚奇，因為在此以前，整個原子世界都籠罩着一種神秘的氣氛……當時這種理論打開了我的眼界，使我看到了一個新的世界，一個非常奇妙的世界……我仍然清楚地記得當時玻爾的這

---

❸　見狄喇克，《物理學的方向》，科學出版社（北京）1981年版，pp. 2-3，譯文略有改動。

種理論給了我多麼強烈的印象。我認為，玻爾這些概念的
引入，是在量子力學的發展過程中邁出的最大的一步。

　　當然，在玻爾以前，也有許多人提出過這樣或那樣的原子模
型。但是那些原子模型不是根本不符合原子結構的基本情況（例
如著名的 J.J. 湯姆孫模型），就是太過簡略而中途夭折（例如長
岡半太郎模型），因此這些模型都早已成了明日黃花，只有歷史
的意義了。唯獨玻爾的原子結構理論，從一出世就引起了人們極
大的注意。隨後它就迅速地發揚光大起來，在人們面前展示了一
片清新美妙的新天地。在八九十年後的今天，原子物理學當然早
已大大改變了面貌，但是當年玻爾所首倡的許多重要概念卻還根
本沒有「過時」。它們禁受住了時間的考驗，經過適當的修訂或
重新塑造而被繼承了下來，至今仍表現出充沛的活力。

　　關於「三部曲」的撰寫和發表的過程，已由科學史家們根據
豐富的史料進行過詳細的追溯。關於「三部曲」的具體科學內
容，也有許多人進行過各種水平的介紹和分析。所有這一切，我
們都不能在此重述。我們只想指出，像「三部曲」這樣劃時代的科
學名著，人們對它的理解永遠是見仁見智的，而它的內涵和寓意
也永遠是發掘不完的。因此，人們永遠不能有那種「一勞永逸」
的想法。事實上，思維能力和學術修養越高，就越容易從這樣的
著作中獲得新的啓示和靈感。

　　玻爾在「三部曲」中提出了「原子定態」的概念和定態間的
「躍遷」的概念。這些概念是超出於古典物理學範圍之外的，從
而在其本質上是不能和古典概念完全水乳交融的。在這種地方，
玻爾不但完全明確地肯定了古典理論的有限適用性，而且確切地

劃定了那種理論的適用範圍。因為，按照他的基本假設，只有定態中的運動，才能有條件地用古典理論來加以描述，而定態的改變（卽「躍遷」），則完全位於古典理論的管轄以外。事實上，從古典的或習見的觀點看來，原子的「躍遷」確實是一種非常奇特的乃至難以接受的過程，因為這種過程不需要時間，也不能細分成更小的階段，甚至也不允許人們追究其發生的「原因」。因此玻爾就說，「躍遷」過程有一種奇特而本質的「整體性」或「不可細分性」，而另一些人則說，這是理論的一種「量子不合理性」。關於這種問題，我們以後還會談到。

玻爾在「三部曲」中所設想的物質（原子）發光機制（通過量子躍遷而發射能量），也是和古典理論中的機制非常不同的。我們認為，能夠總結出這樣的機制，不能不說是玻爾的天才表現。在今天，人們已經熟悉了這種機制，也許會有一種見慣不驚之感。但是，回想一下當時的歷史情況，就可以意識到這種機制的發現絕不是一種輕而易舉的事——儘管已經有了「組合原理」那樣的「遁辭」。按照古典電動力學，一個振動着的帶電體系會發出電磁波，而電磁波的頻率譜**必然**是和體系振動的頻率譜完全相同的。但是忽然有一天，一位丹麥青年站出來說情況不是那樣。這種事情是多麼地可驚啊！按照玻爾的設想，原子中作着定態運動的電子有一個繞核運動的「繞轉頻率」ω，但是這樣的電子並不發出任何電磁波（和麥克斯韋「擡槓」！）。只有當電子從一個較高能量的定態躍遷到一個較低能量的定態（繞轉頻率從一個值 ω_2 變成另一個值 ω_1）時，它才會發出單頻的電磁輻射，其頻率是

$$\nu = (E_2 - E_1)/h,$$

式中 E_2 和 E_1 分別是原子在初態和末態中的能量，h 是普朗克常量。在通常情況下，輻射頻率 ν 既不等於 ω_2 也不等於 ω_1。難怪愛因斯坦在得悉玻爾的理論已被實驗所證實時曾經驚訝地說：「那麼光的頻率就完全不依賴於電子的頻率了？」〔1,2,123〕。在當時只知道麥克斯韋電動力學的物理學家們看來，玻爾的這些觀念顯然完全是「離經叛道」的。

「三部曲」涉及了原子結構方面的許許多多的問題。玻爾從一開始就有一個宏偉輝煌的計劃，準備盡可能全面地和系統地考察各種原子和分子的結構和性質。他心中一直有一個通盤的設想，從來就不是眼睛只盯住某一個具體的物理問題，例如氫原子的結構或它的光譜之類的問題。他在人們面前展現出來的，是一個廣闊無垠的和探求不盡的研究領域。

因此我們說，玻爾理論在歷史舞臺上的出現，第一次徹底地掀掉了從前覆蓋在量子概念上的「統計力學的泥土」，使這個概念從此大放異彩而深入人心。這種理論引入了一些諸如原子定態和量子躍遷之類的至今仍然極端重要的而且是完全獨創性的概念，相當令人信服地解釋了許多以前從來沒有順利解釋過的物理事實和化學事實。它也提出了一些後來得到證實的科學預見，並且在廣大的物理學家中間觸發了「雪崩式的」緊張、多樣而且十分富有成果的實驗工作和理論工作，這就大大地開拓了二十世紀物理學的富饒疆土，促使人們在微觀領域中越來越自覺、越來越本質地引用了量子概念，而且也越來越激進地修訂了物理學的基本觀念和基本原理。正是在這樣的影響下，二十世紀的深刻的物理學革命才呈現了風雷激盪、水到渠成的一瀉千里之勢。我們說玻爾的「三部曲」是劃時代的科學著作，其意義也正在此。

5.　對應原理和元素週期表理論

在「三部曲」中，玻爾只給出了計算或估算光譜線的頻率的方法，而完全沒有討論如何估算光譜線的強度的問題。在當時的理論發展階段，譜線強度的計算還是一個根本摸不着邊際的問題。然而它又是一個非常重要的和急待解決的問題。

本來是講的原子結構，為什麼轉而談論起原子的光譜來了？原來，為了推斷各種原子在它的不同定態中的能量，在當時所能利用的唯一實驗依據就是光譜學的實測數據和經驗規律。這種依據直到今天也還是特別重要的。就是說，正是通過分析光譜學的數據（譜線的頻率、強度和偏振）和規律（經驗公式、組合原理和選擇定則），人們才望推知原子內部的結構和運動。這就是當年「二月轉變」之所以使玻爾突然醒悟的原因所在。

不容置疑，光譜線強度的計算，一直是玻爾的一大「心病」。在這個問題上，他肯定進行了長時間的摸索和思考。1916年，愛因斯坦用一種簡明的方式推導了普朗克的輻射公式。在這種推導中，他巧妙地引用了「躍遷幾率」的概念。這肯定對玻爾起了有益的啓發作用。差不多就在那時，玻爾漸漸醞釀成熟了他的「對應原理」的思想。

丹麥的一位哲學教授否爾霍耳特(Prof. Davad Favrholdt, 1931-　)說過[4]：

[4] D. Favrholdt, The Cultural Background of the Young Niels Bohr，在羅馬發表的一篇演講，打字稿。

　　例如，對應原理就是獨一無二的。我們在從前的物理學、
　　哲學、心理學、宗教或任何別的領域中都找不到任何和它
　　相像的東西。

這話說得實在很好，是一種振聾啓瞶的暮鼓晨鐘！因爲，說也可
歎，在關於到底什麼是對應原理這個問題上，我們在科學史和科
學哲學的浩瀚文獻中幾乎找不到多少基本正確的論述，存在的只
是許多主觀臆測或拾人牙慧的無稽之談❺。

　　事實上，對應原理是玻爾經過長久的嘗試而摸索出來的一套
很特別的推理程序。他在從1918年到1922年分兩次發表的一篇未
完成的科學論文〔1,3,65-200〕中詳細論述了這一原理的思路和
用法，但在起初他還用的是「類比論證」之類的名稱，到了1920
年才在訪問柏林時的一篇學術演講中使用了「對應原理」一名。
荷蘭學者范・德・外爾登 (Van der Waerden) 寫道❻：

　　終於導致了量子力學之出現的從1919年到1925年的那些研
　　究工作，可以描述成在對應原理的指導下進行了的一些系
　　統的猜測。

至少對玻爾和他的朋友、弟子們來說，這話是完全合乎歷史實況
的。換句話說，自從正式提出以後，這一原理就成了量子理論之

---

❺ 參閱戈革，〈尼耳斯・玻爾和他的對應原理〉，載於《自然辯證
　法研究》（北京），**3** (1987) No. 4, pp. 7-17。

❻ B.L. van der Waerden, *Sources of Quantum Mechanics*,
　North- Holland Publ. Co., 1967, p.8.

發展中的最重要的指導原則。事實上，1925年出現的第一種形式的新量子力學（海森伯力學），在很大程度上可以看成是對玻爾對應原理進行精確化的結果。這一點，玻爾本人比誰都感受得更清楚。在海森伯理論剛一出現時，玻爾就已能正確地指出〔2，49〕：

> 簡單說來，量子力學的整個機構，可以看成包含在對應原理中的那些傾向的一種精確的表述。

對量子物理學思想發展稍微有些瞭解的人們，應該能夠承認玻爾這句話不失為海森伯理論的一種公允而中肯的評價。因此我們說，沒有玻爾的對應原理，後來那種形式的海森伯力學就是不可想像的。

那麼，說來說去到底什麼是對應原理呢？實在對不起，此事說來話長，將牽涉太多的物理學知識和科學史知識，而且也要涉及許多對各種荒唐說法的反駁和訂正。這些任務都不是我們這本小書所能負擔的。我們只想說，玻爾的許多論文具在，而且內容也很清楚而不容隨便歪曲❼，有興趣的讀者們不妨自己去探求。

親自參加了從1919年（或更早一些）到1925年的那種激動人心的「系統的猜測」的理論物理學家們，例如玻恩等人，常常滿懷感情地把對應原理比喻成從古典理論通向量子理論的「橋梁」，或是比喻成使古典理論一下子變成量子理論的「魔杖」。這些也很有啓發意義，至少是「可資談助」，然而這當然只不過

---

❼　見〔1,3〕。按注❺所舉戈革的文章可以作為此卷書的入門。

是「比喻」，從而肯定是不能望文生義地曲解，更不能吠影吠聲地誇大的。

事實上，對應原理指導人們「猜測」，而它本身也正是一種「猜測」的產物。這一原理告訴人們一種估算光譜線強度的工作程序，而在猜出這套程序時，玻爾的思維是經歷了許多奇妙的飛躍的。

必須着重指出，就其本質來看，這套工作程序確實非比尋常，一般人的頭腦恐怕想像不出來。本來，要計算的是光譜線的強度。按照玻爾理論的基本假設，每一條光譜線，都是通過發光原子的某一特定的躍遷而被發射的。但是任何的量子躍遷都不能用古典理論來加以描述，因此當時人們對任一躍遷的可能性全都一無所知。想到一條光譜線的強度和有關躍遷的「幾率」成正比，這顯然並不困難。但是如何得知那些躍遷幾率，在當時看來卻簡直茫無頭緒。這就是玻爾在剛開始時所遇到的巨大困境。

玻爾找到的出路是迥不猶人的。簡單地說，這種辦法就是從考慮原子在躍遷以前所處的初定態開始。這時原子內部的運動一般將是一種多週期的振動。按照玻爾的假設，定態中的原子是不會發出任何輻射的。但是，假若古典理論可以絕對地適用，這樣一個作着多週期振動的體系就會發出具有分立頻譜的電磁波，也就是發出線光譜，每條譜線的頻率等於體系振動的一個基頻或泛頻，或等於它們的組合。然而這種「理論上的」光譜事實上當然並不存在。事實上，各條譜線是通過一些量子躍遷而發射的。每一次可能的躍遷都發射頻率一定的輻射。對應原理的主要想法就在於認為，這種實在躍遷的「先驗幾率」，取決於上述那種假想的（古典理論的）電磁輻射中一條和實際譜線具有相同頻率的譜

線的強度。這樣，根據一種實際上並不存在然而卻可以按照已知的古典理論計算出來的光譜，就可以設法推斷實際上存在的量子理論光譜中的每一條譜線的（相對）強度，而根據這樣求得的各條譜線的強度，也可以很自然地解釋實際光譜中各譜線的偏振和選擇定則。爲了用古典理論來描述原子的定態，首先就必須假設所考慮的原子的結構模型。通過把算出的光譜和實驗上測得的光譜認眞對比，就可以判定最初假設的原子結構模型是否恰當地反映了實際情況。

　　這是一種迂迴的辦法。老實講，這種辦法本來並沒有任何「理論根據」，只能算是通過多次的嘗試而摸索出來的一種經驗。這種方法的運用也不是十分地有成規可循，而只能隨機應變地進行一些「系統的猜測」。但是，不管怎麼說，這總是代表了古典理論和量子理論之間的那條黑暗鴻溝的某種跨越。有了這開關性的第一次冒險跨越，進一步探測新天地和新道路，並發展出一套新力學的遠景才算多少有了點希望。在這種意義上，玻爾對應原理的創立，也算得人類認識中的一次新穎而關鍵的大進步。

　　利用對應原理的推理工具並聯繫到各種已知的原子光譜，玻爾仔細分析了（猜測了）各種元素的原子結構，並漸漸對化學元素週期表的形成作出了言之成理的說明。特別是，根據這種系統的分析（或猜測），他預言了當時尚未發現的第 72 號元素的性質，而他的預言也很快得到了實驗的證實。多種原子及其光譜的分析，意味着千頭萬緒的繁重工作。完成這樣的工作，不但要有充沛的精力而且要有非凡的天賦。因此，當玻爾獲得諾貝爾獎時，一位德國學者竟然說，諾貝爾獎是科學家所能得到的最高榮譽，但是和玻爾的偉大成就相比，這畢竟是太菲薄了。另一位德

國學者也說，玻爾在原子物理學中取得的成就，只有達爾文在生物學中取得的成就可以與之相提並論❽。

6.　另一次新嘗試──輻射的量子理論

有人相信玻爾一直「反對」愛因斯坦的光量子假說，並且從玻爾的柏林演講中嚴重斷章取義地引用了**半句話**來（虛假地）支持他自己的想法。這實在是既不瞭解玻爾也不清楚當時的史實的一種過於魯莽的作法❾。

事實上，比較客觀地檢索一下玻爾的早期科學論著就可以看到，玻爾不但沒有說過一句眞正反對光量子概念的話，而且還在一些場合下對這一概念作出了公正而肯定的評價。因此，在科學史界也頗流行的所謂玻爾反對光量子概念的那種說法，其實是一種查無實據的訛傳。

人們發現玻爾在自己的理論中沒有正式引用愛因斯坦的光量子概念，於是就認爲他「反對」這一概念。這實在是太「多疑」了。不引用一個概念不一定是「反對」那個概念，也可能是用不着那個概念。玻爾的情況正是如此。

然而有時也有例外。在一段短時間內，玻爾確實嘗試過用另外一種圖景來代替光量子圖景。這種嘗試反映在他於 1924 年和

❽ 玻爾關於元素週期表的理論，以及別人對他的成就的評價，都見〔1,4〕。

❾ 關於這一問題的探討，請參閱戈革，〈關於尼耳斯‧玻爾思想的幾點歷史考察〉，載於《自然雜誌》（上海），8 (1985)，No. 8, pp. 549-557。此文原係美國某叢書（論文集）邀寫的英文稿，但尙未出版。發表的中文是節譯本。

另外兩個人聯名發表的一篇論文中，這就是所謂的 BKS 論文。

在此以前，原子在定態之間的「躍遷」是玻爾理論中最基本的概念。至於躍遷的「原因」，那是誰也說不出所以然來的。當時人們認爲這是玻爾理論的一個弱點或漏洞，心裏總是很不舒服（至今還有人不舒服）。玻爾本人倒不一定那麼「杞憂徒切」，但是若能找到某種「補洞」的辦法，他當然也何樂而不爲。於是就有了撰寫BKS論文的事情。

其實許多別人倒眞是一直對愛因斯坦的光量子概念有些將信將疑，甚至連愛因斯坦本人也不是沒有發生過動搖。後來，康普頓效應的發現和研究（1922-23 年）大大加強了光量子概念的地位，但是當然也從來不存在完全放棄光的波動理論的可能性。因此，在當時，光的「本性」問題，波動理論和光量子觀點的確切關係問題，就成了人們密切關心的一個問題。

1923年底，美國青年斯累特爾 (John Clarke Slater, 1900-1976) 來到了哥本哈根。他帶來了關於光波和光量子的關係的一種設想，那就是認爲，光量子會受到光波的「引導」，它在空間每一點上的運動都是沿着該點上的坡印廷矢量 (Poynting Vector) 的方向的。聯繫到這一點，他對原子的定態也有一種很新奇的想法，那就是認爲，定態中的原子不斷地發射一種「虛輻射場」，而愛因斯坦所曾引用過的「自發躍遷」和「被激躍遷」，就是由這樣的「虛電磁場」引起的。這樣也就對躍遷的「原因」作出了一種嘗試性的解答。

這當然會引起玻爾的注意。當時他的科學助手是克喇摩斯 (Hendrik Antonie Kramers, 1894-1952)，於是他們聯名寫了一篇論文，題爲「輻射的量子理論」〔1,5,99-118〕。

　　這是一篇相當獨特的論文。斯累特爾的那些想法並沒有原封不動地被採納而是經過了相當的改動。另外，文中一個據信是起源於玻爾的著名假設，就是認爲在原子級別的基元過程中能量和動量只有在統計的意義下才是守恆的。這是一種大膽的嘗試，結果在物理學家中間引起了一陣紛紛議論，有的同情，有的反對。但是，大約在半年的時間內，玻爾這種觀點就受到了新的實驗的明確否定，於是玻爾他們的工作也就沒有再作下去。

　　在這件事情上，淺見之士和外行人物也常常冷嘲熱諷，彷彿玻爾還不如他們高明，眞所謂「不知羣兒愚，那用故謗傷」也。明顯的常識是，科學上的嘗試（只要不是胡來）卽使失敗了也是有認識效益的。更何況，在當時的認識條件下，玻爾的想法也遠不是像外行人所想像的那樣「荒謬」──否則怎會有那麼多科學家贊同？

　　在 BKS 論文中，也採用了「虛輻射場」的概念，但是卻完全沒有提到光量子。作者們（主要是玻爾）試圖把通過光量子來進行的相互作用代換成通過「虛輻射場」來進行的相互作用。這也是一種並非毫無意義的嘗試，而且它也帶來了很重要的後繼發展。至於能不能因此就認爲玻爾在1924年前後「反對」愛因斯坦的光量子概念，那就是個見仁見智的問題了。

　　科學思想史家雅默爾曾經指出〔18, 187〕，在物理學史中，幾乎找不到像 BKS 理論那樣特別的另一種理論，因爲 BKS 理論剛剛提出就受到了實驗的明確否定，而它卻又對物理學思想的發展有過那麼重大的影響。大致說來，BKS 論文的重要性不在於它的具體內容是否正確，而在於它刺激了人們的思維，在一定程度上開闢了新量子力學的道路。

　　附帶提到，在論文的撰寫過程中，斯累特爾覺得自己沒有受到應有的尊重。回國以後，他一方面對玻爾的「親切和關懷」表示了感謝，另一方面也在有關人士面前發表了所謂他在哥本哈根受到了冷遇的言論。到了後來，他更用很激烈的言詞表達了他的怨怒。這也是「很有趣」的，因為除他以外，似乎還沒有別人感到過在哥本哈根受了「委屈」。

7.　新量子力學的興起及其物理詮釋

　　在新量子力學那種激動人心的興起中，玻爾在具體理論的提出方面沒什麼驚人的表現，但是他的引導、培育之功卻是不可磨滅的。如所周知，作為新量子力學之第一種形式的海森伯力學是在德國誕生的，但是人們普遍認為，它的精神和靈感卻主要來自哥本哈根。羅森菲耳德在提到這一時期的玻爾時寫道〔1，1，xxxviii〕：

> 他的角色一直在於啓發和指導青年人的（特別是海森伯的
> 和泡利的）創造性的工作，而且他可以心安理得地認為，
> 新理論就是他為之奮鬥已久的那一目標的達成。

等到量子力學表述形式的物理詮釋問題被提上了日程時，按照羅森菲耳德的說法，「這就是玻爾重新出場的時機了」。在玻恩的波函數統計詮釋和海森伯的測不準原理的鋪墊下，玻爾的「互補性」觀點或「互補原理」的提出標誌了所謂量子力學的「哥本哈根詮釋」的完成。這種詮釋被證實為各種不同的詮釋中影響最廣泛、說理最圓通而又毫無矯揉造作之弊的一種；它的影響所及，

甚至為它贏得了「正統詮釋」的名稱。

「互補性」觀點的提出，在科學哲學中開創了一個重要的新方面，我們將在後面的各章中稍微詳細一點地介紹它。但是，若把它的提出單純地看成哲學上的事，那也顯然是失之片面的作法。因為，它對所有的物理學家，包括贊成這種觀點的和反對這種觀點的物理學家在內，都發生了極為深遠的思想影響，從而也就深刻地影響了整個微觀物理學的思維形式。我們可以有把握地說，直到今天，全世界大概沒有任何一個無愧於物理學家頭銜的人，是不曾直接或間接地受到過玻爾思想的影響的。

8.　電磁場量的可觀測性問題

量子力學剛一出現，就有人很自然地想到了把類似的觀念工具和數學形式用到物理場上去的問題。當時所知的最重要的物理場就是電磁場。於是人們羣策羣力，一步步地建立起了後來所說的「量子電動力學」（QED）。在這種發展過程中，關於電磁場量的可觀測性問題曾經導致了戲劇化的場面。曾經參加了這一問題的認眞研究的羅森菲耳德作過很風趣的回憶〔5, 70〕。當時他每年都到哥本哈根工作一段時間。當他在 1931 年 2 月底又來到 UITF 中時，他首先見到了伽莫夫（George Gamow, 1904-1968）。他問伽莫夫，研究所中有什麼新聞。於是伽莫夫就拿出了他自己新畫的一張漫畫（這張漫畫後來大大地有名了），上面畫的是朗道被綁在椅子上，嘴被堵住，帶着手銬，而玻爾則正站在對面向他大放厥辭。事實是，幾天以前朗道和派爾斯（Rudolf, Peierls, 1907-　　）來到了研究所。他們提出了一個問題，認為

電磁場量根本就無法測量到最起碼的準確度。這等於對量子電動力學的根基提出了挑戰。玻爾不同意這種觀點，他和兩個青年人進行了長時間的激烈辯論。

後來羅森菲耳德回憶說，朗道他們提出的，是一個很根本、很微妙、而又很複雜的概念性問題。這樣的問題，對玻爾這樣的思想家來說永遠是一種很可歡迎的挑戰。這樣的挑戰一旦出現，即使玻爾正在全力以赴地忙着別的事，他也會放下手頭的工作，來同樣全力以赴地對待這個挑戰。

羅森菲耳德是一位得力的助手。他精通數學，思想精深而活躍，善於交際，懂得多種語文。他回憶說，在剛開始時，玻爾對量子電動力學的具體內容簡直一竅不通，於是羅森菲耳德只好給他「講課」，即從頭給他介紹有關的基本假設和數學結構。但是沒過多久，他們的角色就倒過來了，那時就輪到玻爾當老師，來給羅森菲耳德「指出一些誰也還不曾足夠注意過的本質性的特點」了。

他們就這樣忙了兩三年，按照玻爾那種尋根究柢的習慣對問題進行了仔細的研究。結果他們先後在 1933 年和 1950 年聯名發表了兩篇論文❿，詳細分析了電磁場的可觀測性問題。這種工作代表了玻爾互補性觀點對量子電動力學的系統應用。

9.　對核物理學的貢獻

關於玻爾對核物理學的貢獻，我們已經在上一章中作過簡短

---

❿　這兩篇論文見〔17,357-412〕，並將收入尚未編好的〔1,7〕中。

的介紹。他在 1936 年提出的原子核的「液滴模型」和關於核反應的「複合核」的概念，對當時的核物理學的發展起了重要的指導作用。當人們發現了重核的裂變時，他立卽領會了這種過程的實質及其重要性，並先後和羅森菲耳德、惠勒等人一起對裂變的機制和後果進行了深入的追究，在當時還很有限的資料的基礎上得出了很重要的結論。在他和惠勒聯名發表的論文〔1, 9, 365-389〕中，明確地區分了鈾的幾種同位素的不同裂變性能。文中斷言，在慢中子的作用下發生裂變的，只是較稀有的鈾 235 和鈾 233，而最豐富的同位素鈾 238 則不會發生這樣的裂變。以當時的知識水平而竟能得出這樣細緻的結論，難怪當時有人不肯相信。但是這種結論卻在一年以後被他人的實驗所證實，並從而為後來的大規模釋放核能的探索指示了方向。

玻爾對原子核的興趣是持久而全面的。他自己作了許多工作，也領導和支持了別人的更多的工作。他在自己的研究所中建造了高電壓設備和迴旋加速器。他的好朋友赫維斯（George Charles Uon Hevesy, 1885-1966）在他的研究所中發展了放射性同位素在生物科學方面的應用，創造了「示蹤原子」的方法，從而獲得了 1943 年度的諾貝爾化學獎。

10. 其他工作

正如惠勒所指出的那樣，玻爾一生取得了不止一項劃時代的或巨大突破性的科學成就，這是盡人皆知的。較少人知道的是他的另外一些更加多得多的成就；這種成就在他那裏顯得比較「次要」，但是假如其中任何一項是由別人取得的，那也肯定會成為

其人的成名之作的。

例如，他在自己的博士論文中就已明確地斷定，當時的（古典）電子論不可能解釋物質的磁性。只因爲他的文章沒能得到稍微廣泛的流傳，才使他的這一創見長期受到了埋沒；過了十年以後，同樣的見解才又由荷蘭物理學家麗溫（J. H. Leeuwen）女士獨立地再次提出。

1913 年 9 月，當他的「三部曲」還沒有全部問世時，他在盧瑟福的推薦下參加了大英科學促進協會在伯明翰召開的會議。人們在會上對他的原子結構理論進行了評論，也提出了許多問題。在回答 J.J. 湯姆孫所提的問題時，玻爾曾指出，某些氫原子的核可能比常見氫原子的核重兩倍。這等於預言了氘核的存在。不久以後，他還就這一問題寫了一篇短文。在那種年頭，這樣的預見也難免被人們說成「異想天開」吧？

當他在 1920-22 年間逐步構成元素週期表的理論時，玻爾曾經用了不同的「量子數組」來標誌不同的定態，並把原子中的電子一個接一個地安插在不同的定態中。這時他指出「由於某種原因」，每一個定態中最多只能容納兩個電子。他發現，只有承認這一假設，才能設計出不同元素的原子結構，並根據這些設計來說明表現在週期表中的各元素物理性質和化學性質的週期性變化。後來泡利提出了他的「不相容原理」，人們才想起玻爾在此以前實際上已經初步利用過這一原理，因此人們把玻爾當時的觀點叫做「沒有泡利的泡利原理」。

泡利在表述自己的原理時提到過電子運動的「雙值性」，但是當有人提出了電子自旋的概念時，泡利卻特別激烈地反對了那個概念。1925 年 12 月，玻爾應邀到萊頓去參加慶祝洛侖兹獲得

博士學位五十週年的活動，在途經漢堡時見到了泡利。泡利警告玻爾，不可相信剛剛發表的有關電子自旋的異端邪說。但是玻爾一到萊頓就愛上了這種邪說，甚至自動當上了「自旋福音的傳教士」。在此以後，他在自旋概念的分析方面作了許多有意義的工作，並指出了這一概念的「純量子性」。他也向海森伯和泡利進行了「傳教」，到底使他們心悅誠服地皈依了這一概念——而且泡利後來還大大發展了這一概念。

以上只是幾個例子。這樣的例子還可以舉出很多。事實上，在研究所的各種性質的討論會上，玻爾經常對所討論的問題提出一些很有創見的新看法。這樣的情況是不勝枚舉的，可惜他那些很寶貴的見解沒有被系統地記錄下來。

第四章

量子力學的詮釋問題

> 橫看成嶺側成峯，
>
> 遠近高低各不同，
>
> 不識盧山真面目，
>
> 只緣身在此山中。
>
> ——蘇東坡，〈題西林壁〉

1. 很難消化的量子概念

自從在 1900 年呱呱墜地以來，量子概念已經把人類的物質世界和精神世界搞了個天翻地覆。它建立了自己的偉大王國，那就是微觀物理學。流風所及，它也激烈地改變了人們的生活方式。在精神方面，它確立了「獨一無二的二十世紀思想方法」[❶]，撼動了並仍在撼動着人類傳統思想的基礎。它給人類帶來了無窮的物質財富和精神財富，同時也給某些人帶來了許多無可奈何的煩惱和困惑。

什麼是「量子概念」呢？簡單地說就是關於事物的一種非連

---

❶ 見第一章注❻。

續性的想法，或者說就是關於事物具有一定的最小單位的想法。
這樣的想法當然由來已久，但是當不是把它用到物質的結構上而
是把它用到物質的**運動**上時，情況就發生了新的轉折。衆所周
知，眞正的量子概念是由普朗克最初引入的。普朗克假設，諧振
子的能量有一個最小的單位 $\epsilon = h\nu$；小於 ϵ 的能量是不存在的，
從而也是完全沒有物理意義的。在這裏，ν 代表諧振子的頻率，h
是一個普適常量，叫做「作用量子」或「普朗克常量」，ϵ 叫做
諧振子的「能量子」。這種認識被認爲是牛頓以後（愛因斯坦以
前）最偉大的科學發現。當年普朗克幾乎是不期然而然地得到了
這種發現，然後就又是高興、又是懊悔地過了許多年。爲什麼
會「懊悔」呢？因爲他認爲這種情況實在很難接受，實在和古往
今來的科學基本觀念十分格格不入。

作爲例子，讓我們談談玻爾關於量子躍遷的想法。這種想
法可以看成普朗克量子概念的必然推論，然而這種想法是何等地
「駭人聽聞」啊！

有人用汽車的開行來對比過量子躍遷。汽車從 A 站開到 B
站，不論多快或多慢，總是要通過二站之間的**每一個**位置，它的
車輪要在馬路上碾成一條**連續的**軌迹——卽使車子在開行中有些
「顚簸」（卽跳動），軌迹可能中斷，但是車子本身還是照舊要
通過A、B二站之間的每一個位置。因此，如果二站之間的任一
點上出現了障礙，車子當然就開不過去。這樣的運動叫做**連續的**
運動。在古典物理學中，人們認爲一切的運動從本質上來看都是
連續的，通常意義的「跳躍」也不例外。

但是，玻爾所設想的量子躍遷卻是何等地不同啊！讓我們把
一個可以躍遷的價電子比喻成一部「微觀汽車」。原子中的定態

就好比一些汽車站（只是比喻！）。「微觀汽車」起先停在A站，過了一會，它就會自動地（沒人開車，即「無緣無故地」）從A站突然消失，而**同時**就在B站突然出現。這就叫完成了從A到B的躍遷。同理，如果還有可去的C站，「微觀汽車」在B站待一小會兒以後就可能又從那裏突然消失，同時就在C站突然出現，於是又完成了從B站到C站的躍遷。

按照「定態」的定義，相鄰二定態例如A和B之間的一切狀態，或者說相鄰二「微觀車站」之間的一切位置，都是「禁止的」，「微觀汽車」絕不可能出現在那些地方。因此，這就彷彿是，整條的汽車路都被挖掉了，而汽車照樣可以從一站「開到」另一站（同時汽車也沒有變成「飛機」）。

這真有點像「海外奇談」了。誰見過這樣的怪事呢？不錯，古今中外所有的人們，確實誰也沒有「見過」這樣的運動形式——將來也不可能「見到」。然而無數的科學經驗卻使人們相信，在很多情況下，微觀客體的運動確實就有點像這種樣子。這種運動和古典力學乃至古典電動力學中所想像的運動大異其趣，這就使得人們的「古典胃口」實在消化不了量子概念！

2. 微觀過程的抽象性

微觀和宏觀這兩個單詞，也被人們大大地濫用了。我們常聽到什麼「宏觀控制」和「微觀經濟」之類的說法，從各詞的本義來看也覺得庸俗而荒唐之至——正如人們在談論商品的「質量」（不過是指「品質」）時也是胡用、濫用了物理學的名詞一

樣❷。

在物理學中，「宏觀」和「微觀」是有其明確的含意和界限的。說簡單一點，凡是比單個原子大許多倍的物體，就叫做「宏觀物體」。這種物體的運動和表現，叫做「宏觀運動」和「宏觀現象」。反之，和單個的原子大小相近或比單個原子更小的物體叫做「微觀物體」，它們的運動和表現叫做「微觀運動」和「微觀現象」。明白了這一點，就可以理解例如所謂「微觀經濟」是何等地莫名其妙了，難道「原子社會」還有什麼「經濟學」嗎？

要知道，微觀物體是小得看不到的，我們既不能用肉眼也不能用高倍數的光學顯微鏡來「看到」原子。這也是**常識**。有一位通俗作家在自己的作品中用了一架光學顯微鏡來代表「微觀」，那同樣是「笑話」。那樣的作品，「俗」則「俗」矣，其奈不「通」何！

微觀事物的不可見性，決定了它們的更高一級的抽象性。在頗大的程度上，這可以說就是量子物理學詮釋中的許多難題的根源所在。在宏觀物理學中，人們有時也處理一些不可見的對象，例如電磁場。但是那時人們所使用的，主要是以牛頓力學為藍本的古典理論，而牛頓力學所反映的宏觀物體的機械運動，則是一切運動中一種最直觀的運動形式。因此，即使在處理不可見的

---

❷ 當年法拉第（ Michael Faraday, 1791-1867 ）曾經煞費苦心地新創一些專門的單詞來代表特定的科學概念。他不肯借用日常生活中的語彙，怕的就是引起外行淺見之士的望文生義和歪曲引申。現代的淺見之士則反其道而行之，總是從前沿科學中搬用一些自己不懂的單詞，來代表完全不相干的東西，實在庸俗而可鄙。近年以來，「全息」二字也被用得甚濫。根本還不知「全息」到底是何所指，就「創立」出各種「全息的」所謂「新學科」來，自以為有趣，其實只能丟中國人的臉！

電磁場時，人們也還是可以用某種形象化的方法來輔助自己的思維。例如採用畫「電力線」和「磁力線」的方法，或是通過把電磁場在各點上的強度設想一些伸縮不已的小棒（變化的矢量）來使自己的想像更加「具體」。當然，最重要的思維手段仍應是某種適當而確切的數學表述方式，但是輔助性的「準形象化」方法也常常很有幫助。因此，例如當麥克斯韋電磁理論剛剛問世時，人們在接受它方面雖然也遇到過某些暫時的困難，但畢竟還是在很短的時間內就心悅誠服地承認了它，而根本不曾像在量子力學問世以後那樣弄得衆說紛紜而莫衷一是。

量子力學的情況就大不相同了。在本來意義上，這種理論反映的是微觀現象的規律，從而它離人們的日常生活經驗甚遠。在微觀規律（量子規律）和宏觀規律（古典規律）之間，是存在着很大的本質的區別的。因此，如果我們在表述量子規律時也引用某種輔助性的「形象化」的手段，那就很有可能把自己和別人的思維引上錯誤的軌道，就很容易得出似是而非的「捫燭扣盤式的」錯誤理解和錯誤結論。事實上，這樣的憾事在量子物理學史上出現得眞是太多了！

怎麼辦？一個辦法就是盡量多地依靠抽象的、符號性的數學表述。這種辦法有一定的好處，也帶來了很重要的成果。但它也有很根本的缺點：數學往往掩蓋了物理，至少不能使玻爾那樣的「業餘物理學家」眞正滿意。

例如，我們會遇到美國天才物理學家費曼那樣的人物。費曼曾經表示，他不相信在某段時間內世界上只有十幾個人懂得相對論，因爲相對論一被提出，世界上肯定就不止十幾個人用這種或

那種的辦法弄懂了它。但是他卻說❸：

> 另一方面，我想我可以很有把握地說，世界上根本沒有
> 一個人懂得量子力學⋯⋯我將告訴你們大自然是怎樣動作
> 的。如果你們願意簡單地承認她可能確實這樣動作，你們
> 就會發現她是招人喜愛的和使人心曠神怡的。如果你們能
> 夠忍住，就千萬不要總是對自己說：「然而怎麼會是這樣
> 的呢？」因為，不然的話，你們就會掉到「下水道」裏
> 去，掉到一個誰也還沒能找到出口的迷宮中去。誰都不知
> 道事情怎麼會是這樣的。

這是一種赤裸裸的「不求甚解」的態度，一種滿足於「知其然而
不知其所以然」的態度。費曼很坦率，敢於把這種態度毫不扭
捏地表示出來。更多的量子力學教授們不肯或不敢這樣作。他們
寧願裝出一副「懂得」的面孔，而不惜東拉西扯地在自己的講課
中弄出許多邏輯笑話或哲學笑話。

　　但是，像費曼這種態度，恐怕是絕不會使多少帶點「業餘傾
向」（或說哲學傾向）的任何一位物理學家爲之心滿意足的。於
是就有了量子力學大論戰。

3.　因果性和統計性

「我的朋友」某教授，是研究愛因斯坦的專家。有一次，他

---

❸ 原見 R. P. Feynman, *The Character of Physics,* MIT
Press, 1946; 此處轉引自 *Amer. J, Phys.,* 58 (1990), No.
9, p. 881。

說他不贊成玻爾，因爲世界應該是「因果性的」。我虛心地請敎他：「什麼是『因果性』？」他竟也無以見敎。這眞使我感到好玩兒。

　　我不是博學的哲學敎授，委實不知道歷代哲學家們在這個問題上都說過些什麼話。不過我想，他們那些高論，恐怕也未必眞能切合物理學中的實際局勢。

　　物理學家們也常常談到「因果性」，但是大家的說法也不一致。玻恩曾經舉過一些因果性的例句❹，例如「月球上沒有生命，因爲沒有含氧的大氣」之類。他認爲，在這一類的論斷中，並沒有包括時間的先後（此話也不知是否眞能說得通）。另一方面，玻姆（David Bohm, 1917-　）認爲❺：

> 某一時刻的客體、事件、條件或其他事物與其後來各時刻
> 的客體、事件、條件或其他事物之間的必然關係，稱爲因
> 果定律。

在這裏，玻姆強調了時間的先後，並且強調了因果關係的**必然性**。不過，也許任何一種關於因果性的定義或概念都不是沒有漏洞。例如，一個「果」有多少種「因」，一個「因」可以或必然有多少種「果」，這誰又能說得準呢？由此可見，「因果性」這個概念確實說來話長。

---

❹ M. 玻恩，《 關於因果和機遇的自然哲學 》，商務印書館（北京），1964，p. 10。

❺ D. 玻姆，《現代物理學中的因果和機遇》，商務印書館（北京），1966, p. 8。

在物理學問題的分析中，玻爾認爲因果關係是通過動量和能量的守恆定律來體現的。在這種意義上，他從來不曾籠統地否定過因果原理或因果描述（短時間的在個別問題上的嘗試不在此例）。當然，在討論到物理學領域以外的問題時，那是誰也不會再按照守恆定律來理解因果性的。

其實，在物理學家中間，當談到因果性時，許多人在思想深處所反應出來的是所謂「機械論的」或稱「拉普拉斯式的」因果性。按照古典力學，如果在某一時刻準確地知道了構成一個力學體系的所有各質點的座標和動量，也準確地知道了各質點在所有各時刻所受的力，則在原理上可以通過求解運動方程來求出體系在隨便多少億年以前或以後的運動狀態。換句話說，初狀態和受力情況，將毫不含糊地決定體系的全部過去和未來。這是一種絕對的、理想化的「決定論」，一種「鐵一般的」嚴格規律。它只承認事物發展的必然性，而絕不承認任何一點點偶然性。在這種觀念中，所謂人的「自由意志」是完全沒有意義的，因爲每個人或昆蟲的命運都早在宇宙被創造出來的時候就已經絕對準確地決定下來了。

古典電磁學的興起，愛因斯坦相對論的興起，都不但沒有削弱而且反倒加強了這種「拉普拉斯式的決定論」，因爲，儘管這些學科的具體規律並不相同，它們那種推算方法的必然性卻是基本相同的。

甚至古典統計力學的興起，也沒有眞正動搖這種觀點的根基。在古典統計力學中，人們確實非常廣泛地使用了偶然性和幾率的概念，但是，這些概念的使用，都被看成了某種不得已而求其次的權宜之計，而不是被看成大自然所固有的品格和特徵。人

們在古典統計力學中所研究的，是由爲數甚大的客體所形成的體系，例如由若干億個分子所形成的一種氣體。顯然，卽使可以把每一個分子都當成一個質點（卽忽略它們的內部結構），要想同時知道（測定）許多億個分子的座標和動量也肯定是不可想像的和不切實際的，而且在許多情況下（當所要說明的只是氣體的熱學性質時）也是不必要的。因此人們才決定採用統計性的思維和計算。但是無論如何，人們照樣認爲，每一個單獨分子的運動都是毫不通融地服從古典力學的，從而每一個單獨分子的「命運」也是絕對嚴格地預先確定，而絲毫沒有任何「偶然性」可言的。在這種意義上，人們一貫認爲，在古典統計力學的下面，有一個堅實得很可愛的「動力學的底層」；動力學的運動規律是最根本的，是第一性的，而統計的規律則只是派生的和帶有某種人爲性的。

　　古典統計理論中的「幾率」概念，是針對許許多多個**不同地**運動着的對象來運用的，例如是針對許多個速度不同的氣體分子來運用的。這時，幾率的定義也是明確而好懂的：一個選定事件的幾率，定義爲該事件在全部所得事件中所佔的百分比（卽定義爲事件發生的「相對頻次」）。按照這種概念，針對單獨一個分子來求幾率，也像針對一個分子來談溫度一樣，是沒有意義的、不合邏輯的。

　　但是，在發現了物質的放射性以後，人們卻開始按照某種不同的意義來運用幾率概念了。這種新意義的幾率起初沒有引起人們多大的注意，然而不久就漸漸取得了後來居上的地位。

　　衆所周知，物質天然放射性的本質就是原子核的蛻變。就是說，有些物質的原子核，會自發地掉下碎屑而變成另一種原子

核。實驗證明，這種蛻變過程所遵循的規律，是很簡單的，也很奇特的。假設在開始觀察時共有 N 個放射性原子核，過了一小段時間 $\triangle t$，設有 $\triangle N$ 個原子核蛻變掉（「死掉」）了。於是人們就說，$\triangle N/N$ 就是平均說來每一個原子核在時間 $\triangle t$ 內發生蛻變（卽「死亡」）的幾率。這也許顯得並沒什麼「奇特」之處，但其實是非常奇特的。在這種敍述中，包含着一些和人們的通常印象大異其趣的假設：第一，人們認爲所有的這些放射性原子核都**完全相同**，誰也不比別個更「老」些或更「小」些，從而它們在未來的 $\triangle t$ 時間蛻變掉的**可能性也相同**。第二，但是它們並不同時蛻變，並不是大家「同年同月同日同時死」，而是實際上在 $\triangle t$ 內只死掉一小部份卽 $\triangle N$ 個——這就怪了，旣然大家同樣老，爲什麼有的死有的不死？第三，到底哪幾個（$\triangle N$ 個）先死也全無準「譜兒」，純粹碰機會；就是說，死了的那幾個並不是遇到了車禍或心臟病突發，**沒有任何原因**，「該它們倒霉」，它們就死了。第四，過了一段時間以後，有些原子核已經死掉了，但是剩下來的那些原子核卻都「依然故我」，並不會比從前變得更老一些或更年輕一些；在下一段時間 $\triangle t$ 之內，它們蛻變的百分比還和從前一樣，而且仍然不知道誰先死，完全碰運氣。

這些話聽起來眞正是豈有此理！哪裏像「物理學家」說得出的話？是的，誰都覺得「不像話」，但是物理實驗的規律擺在那裏，無法否認，咄咄逼人。不承認上述這些挺「彆扭」的說法，就完全不能解釋放射性蛻變的那種表面上非常簡單而骨子裏相當奇特的實驗規律。這也是**實逼處此**，沒有辦法的事情！

那麼，又說原子核「完全相同」，又說它們死得有先有後；相同的東西會有不同的行爲，這難道是合乎邏輯的嗎？這話看怎

麼說。如果咱們死抱住「因果性」或「決定論」不放，這當然是不合邏輯的。但是，如果退一步想，承認支配單次蛻變動作（所謂基元微觀過程）的不是因果性的規律而是幾率性的規律，那就沒什麼不合邏輯之處。按照這種理解，每一個微觀客體（例如放射性的原子核）都有發生某種變化（例如發生蛻變）的一個「內稟幾率」。說它們「相同」，就包括它們的「幾率相同」，而不是說它們「死期」相同。這種幾率是屬於單個客體的，叫做客體發生所指動作的「先驗幾率」。這時，幾率規律變成最基本的或第一性的了，而因果規律反而被認為是派生的了。當然，這樣的幾率概念也和古典統計力學中的幾率概念沒什麼共同之處了。

4.　光和實物的波粒二象性

小孩子一出生，睜開眼就接受到光。可見光和人生是有很密切的關係的。但是，光是什麼，什麼是光？這卻也是個一言難盡的問題。

如所周知，關於光的「本性」問題，歷史上出現過兩種對立的看法：一種看法認為光是粒子流，而另一種看法則認為光是波動。在十八到十九世紀期間，由於光的干涉現象和衍射現象的發現和研究，光的「波動學說」取得了壓倒的優勢。到了十九世紀後半期，當麥克斯韋提出光是頻率適當的電磁波並得到了實驗的充分支持時，光的「波動本性」就被認為是沒有疑問的了。

二十世紀初，對於X射線的本性，人們又發生了同樣的爭論。X射線在任何媒質中都不會「折射」，這就又使得某些物理學家猜想它是粒子流；而另一些現象則使另一些物理學家猜想它

是電磁波。一時雙方都沒有十分確鑿的證據。

1905 年，愛因斯坦提出了他那有名的「試探性的」光量子假說。他認爲，也許到底還是可以或應該把光看成某種粒子流，但是那些粒子的動力學性質（動量及能量）卻是和光的「頻率」聯繫着的，而頻率則只能是波動學（或振動學）中的概念。這種構成光的粒子叫做「光量子」，後來改稱「光子」。既然和某種波相聯繫，愛因斯坦的光量子就是一種很奇特的粒子，它已經和古典理論中的質點很不相同了。愛因斯坦論證說，利用他的光量子假說，可以解釋一些物理現象和化學現象，其中最有名的就是所謂的光電效應。但是，由於波動學說的證據非常充足，致使愛因斯坦本人對自己的假說也不敢十分相信。至於別的物理學家，當時大多數人對這種假說也只是採取了「姑妄聽之」的態度而已。

1913 年初，勞厄 (Max von Laue, 1879-1960) 等人發現了 X 射線在晶體上的衍射現象。不久就出現了布喇格等人的工作。於是人們的立場又回到了光的波動學說。這對光量子假說當然是一次嚴重的打擊，致使對愛因斯坦評價很高的普朗克都曾認爲光量子假說的提出是愛因斯坦科學工作中的一次「失誤」。

但是科學史的發展有時也很有「戲劇性」。過了不久，就出現了密立根 (Robert Andrews Millikan, 1868-1953) 關於光電效應的系統研究，他的精確測量顯然支持了光量子假說。又過了不久，到了1922年，當出現了康普頓效應及其理論解釋時（解釋爲光量子和自由電子相碰撞的效應），人們就終於意識到不能不認眞看待光量子假說了。

於是物理學中就出現了一種奇特的「兩難局面」。有兩種關於光的「本性」的互相對立的學說，一種認爲光是波動（電磁

波），另一種認爲光是粒子流（光子流）。這二者各自有其不容否認的實驗根據，所以不是瞎說。但是這兩種觀點卻又那樣地背道而馳，很難把它們調和起來。調和的辦法並不是沒有試過，例如設想光量子的運動受到電磁波的「引導」等等，但是弄來弄去到底沒弄出像樣的理論來。

　　同樣的情況也出現在別的微觀客體那兒，不過故事的次序卻是相反的。當 J. J. 湯姆孫發現電子、盧瑟福發現原子核時，人們都認爲所發現的是一些「粒子」，誰也不曾想到它們的「本性」還會出現什麼別的問題。後來，密立根用油滴實驗測定了電子的電荷。據說他當時曾經宣稱，人們認識電子已經像看自己的手指頭那樣地清楚了。由此可見，直到 L・德・布羅意（Lous de Broglie, 1892-1987）出現在歷史舞臺上時爲止，電子等等的「粒子性」並不曾受到過引人注目的挑戰。不論是在理論上還是在實驗上，人們一直很有信心地把它們當作一些小顆粒來處理，所得的結果也相互對頭，不曾引起過什麼懷疑或困惑——其實也不是完全沒有問題，例如 1920 年就出現過當時被認爲很難理解的喇姆造爾效應，但是當時誰也沒有從「物質波」的角度去考慮它。

　　1924 年 L・德・布羅意的博士論文帶來了新的轉折。他在論文中系統闡述了所謂「物質波」的理論。這種理論的大意就是認爲有一種波動過程和微觀客體相聯屬，甚至設想可以用這種波動過程來完全取代人們心目中的「粒子」。這種理論最初幾乎純粹是思辨性的，還舉不出什麼事實的根據來。但是後來的發展卻也相當地出人意料。一方面，人們開始把這種「物質波」的觀點和某些實驗結果（例如電子「衍射」的結果）聯繫起來而很自然

地說明了那些結果。這種情況大大鼓舞了關於「物質波」的實驗研究，從而帶來了許多重要的科學成果，例如電子顯微鏡的發明和利用。另一方面，薛定諤改造了 L. 德‧布羅意的概念，在1926年創立了波動力學，從而大大推進了量子理論的發展。

到了這時，微觀客體的「本性」問題已經顯示了很大的普遍性的面貌。光和電子等等，有時表現得像一些粒子，有時又表現得像一種波動。它們到底是什麼，誰也說不清楚。玻爾關於這種「波粒二象性」的獨特看法，我們將在下一章中進行介紹。

5. 量子力學的物理詮釋問題

量子力學的出現是二十世紀物理學乃至古往今來的物理學中的一件大事。這種理論本身也很有「個性」。因為，在它以前，人們當然創立過不知幾千百種物理理論，但是沒有哪一種理論曾經帶來如此迫切、如此困難的詮釋問題。

古典物理學的理論主要處理的是宏觀現象，而如上所述，宏觀現象總是比較直觀的。在古典理論中，人們總是建立一種直觀的「模型」，而且總能達成它的自洽性。理論從模型開始，來討論各種可能的運動和變化，因此人們心中經常有數，知道自己說的是什麼話。因此也許可以說，古典理論的「物理詮釋」領先於它的數學表述形式。當然有時也會出現一些詮釋方面的問題（例如相對論中的孿生子問題），然而從性質來說，那總是一些個別的、局部的問題，一般並不會牽動理論結構的全局。

玻爾的原子結構理論也沒有帶來根本性的詮釋問題。因為，雖然這種量子理論確實是處理的微觀運動，但是玻爾從一開始就

仿照宏觀體系（太陽系）來制訂了他的原子模型，而且他所利用的許多概念和規律，也是從古典力學和古典電動力學中借來的。因此有人說，玻爾的原子結構理論是一種「半古典的」的理論：它的精神是量子的，但是它的具體形式卻有很大的「古典性」。

新量子力學的情形就很不同了。海森伯創立他的理論時所遵循的重要原則就是排斥「模型」。他認爲，例如原子中的電子軌道這樣的概念，是不應該包括進理論中來的，因爲它在實驗上是無法觀察的。在這種思想指導下建立起來的理論，顯然會相當抽象。它所描述的到底是什麼「東西」的運動，也從一開始就有些恍惚。另外，它所用的數學工具又是那麼特殊。因此這種理論在剛出現時確實給人們留下了「奇特」的印象。它能算出一些結果，和實驗結果相符，但是整個理論的「物理意義」卻顯得不是那麼清楚。因此，它剛剛出現不久，愛因斯坦就給艾倫菲斯特寫信說❻：「在格廷根，人們相信它（我卻不然）。」

當薛定諤在「物質波」概念的基礎上創立了波動力學時，有些人曾經很感興奮，以爲利用這種理論將能最後消滅「量子不合理性」，然而最後卻大失所望。問題是，人們連「物質波」到底是什麼都說不清楚，大家其說不一，議論紛紜。薛定諤在他的波動方程中引用了一個波函數 ϕ，但是他起初並沒有說明這個 ϕ 代表的是什麼物理量，而後來他勉強作出的說明又被證實爲不能自圓其說。利用波動方程，他能算出許多美好的結果，但是方程本身的意義卻遠遠不是多麼清楚的。因此人們開玩笑地說，薛定諤

---

❻、❼、❽ 皆引自 A. Pais, *Inward Bound*, Oxford Univ. Press, 1986。

方程比薛定諤本人還「聰明」。

狄喇克曾經回憶道❼：

> 找出詮釋的問題，被證實為比僅僅找出方程要困難得多。

派斯寫道❽：

> 確實，直到 1926 年春天，不論是採取矩陣的，還是採取
> 波動的表述形式，量子力學一直是一個新品種的高等數學
> 技術；它由於給出的那些答案而顯得是很重要的，但它卻
> 並不具備敍述得很清楚的作為基礎的物理原理。

　　當然，不論是哪種形式的量子力學，也不可能真正是一門
「純數學」。這就是說，不論在什麼發展階段，它多少總會有點
兒「物理意義」。人們說，當量子力學的表述形式在 1926 年前後
漸臻完成時，它向人們提供的是可以根據已知的數據來求出未知
的結果的一套數學計算程序。這話不錯。但是，不論是已知的數
據還是所求得的結果，當然都必須是某些物理量的值。在一種很
初級和很局限的意義上，這也就勉強可以說是理論的一種物理詮
釋。例如，把某一薛定諤波動方程的本徵值看成某一模型體系的
能量值，這也可以算是波動方程的一種部份的物理詮釋。沒有這
種最起碼的詮釋，任何理論都不可能在**物理學**的刊物上發表。因
此，一種理論有沒有物理詮釋，這其實也是一個相對來看的問題
而已。

　　不過，人們一般所希望的詮釋，可不是那種片段的、枝節的

片面理解，而是一種全局的、系統的透徹看法。如果可能，這種看法當然是越直觀、越具體越好；如果那做不到，這種看法至少也應該盡可能地是邏輯自洽的。這樣的一種看法可以叫做理論的「物理」詮釋，也可以叫做它的「哲學」詮釋，全由人們的着眼點而定。

如所周知，在量子力學的事例中，滿足上述條件的一種詮釋曾由玻爾提出，其內容將在下一章中再行介紹。在此以前，還有兩個預備性的問題應該略加說明。

6.　波函數的統計詮釋

在起初，薛定諤認為他所考慮的波動（物質波）就代表了物理世界之最基本要素的運動。也就是說，他認為，發生着波動的那種媒質就是物質的最基本形式，而世間的一切現象都可以用這種波動來說明。他曾經試圖用 $e\psi\psi^*$ 來代表實在媒質中的電荷密度（e 代表電子電荷的絕對值），但是這種辦法很快就遇到了一些巨大的困難，例如波包擴展的困難和多維空間的引用問題。因此，雖然薛定諤後來還作過一些努力，來試圖改進和維護自己的觀點，但是他這種「唯波動論」或「波動一元論」的觀點事實上一直很難自圓其說，從而在物理學界也影響很小。

影響最大而且幾乎得到了所有物理學家公認的，是由玻恩提出的詮釋。這種詮釋常被稱為波函數的「統計詮釋」或「幾率詮釋」。玻恩在 1926 年下半年發表的幾篇論文中論述了他對量子力學波函數的理解。設 ψ(x,y,z) 是描述某一微觀粒子的態的波函數。用 ψ^*(x,y,z) 代表該函數的複共軛函數，則玻恩認為應

該把 $\phi\phi^*dxdydz$ 詮釋爲在點（x, y, z）上一個體積元 $d\tau=dxdydz$ 中找到粒子的幾率； 換句話說， 波函數的絕對值平方 $\phi\phi^*$ 被詮釋成了發現粒子的「幾率密度」， 這樣一來。 波函數就完全失掉了「物質性」而變成了純數量性的「幾率波」。如果接受這種觀點，通過波動力學來消除「量子不合理性」並回到古典秩序中去的迫切願望也就成了「事如春夢了無痕」。這想必是會使薛定諤和另外幾位老先生很不高興的。

　　當然，在本質上，任何一種詮釋都只是一種假說，要想能夠成立，它至少應該滿足兩個必要條件： (i) 邏輯自洽， (ii) 和實驗結果沒有矛盾。玻恩的詮釋很好地滿足這些條件。例如，既然考慮的只是「幾率波」，所謂「波包的擴展」就只表示幾率分佈的變化，而不存在「粒子發胖」的問題。同樣，既然波函數只是一種計算手段，多維位形空間中的波函數也就是完全可以理解的。在這些問題上，玻恩的詮釋顯然比薛定諤的詮釋自然得多。

　　不過，幾率概念在這種方式下的被引用，卻把物理學中的因果性問題領到了舞臺中心的強光之下。基本規律的「幾率化」，使得某些很可尊敬的大物理學家一直感到很不舒服。結果，幾十年來，玻恩的詮釋就一直處於一種很奇特的環境中。一方面，不論是贊成者還是反對者，在處理物理學中的具體問題時似乎都還少不了需要應用它；另一方面，少數反對它的人卻一直公開聲稱反對它，但是自己卻又拿不出比它更好的東西來。另外，也有一些人不甘心，總是想出一些相當糾纏的辦法來把這種詮釋重新裝點一番，總希望把它打扮得更加柔順一些或更加「唯物」（？）一些。也有人創造了「幾率因果性」一詞來保衛因果性的最後一個掩體。許多教師不知從何處承襲了一種妙論：微觀運動也是服

從因果原理的，因為波函數服從薛定諤方程，正像電場強度服從麥克斯韋波動方程那樣。然而波函數是不是描述的**幾率**呢？如果是，則不管它服從多漂亮的方程，它也不可能真正反映那鐵一般的因果原理吧！

7.　海森伯測不準原理

海森伯關於測不準原理的分析，是從物理概念上深入一步詮釋量子力學表述形式的一種嘗試。這種思想實際上是和玻爾的互補性觀點同時醞釀成熟的。

1926-27 年，海森伯在玻爾的研究所中接替了克喇摩斯，當了講師和玻爾的科學助手。1926 年暑假，他回慕尼黑去探望父母。當時薛定諤在發表了波動力學論文以後，大受德國老輩物理學家們的器重，他應邀到德國講學，也正在慕尼黑。海森伯在聽了薛定諤的演講之後提出了一些意見，但是卻因為受到老前輩維恩(Wilhelm Wien, 1864-1928) 教授的嚴厲斥責而沒能說完。海森伯心中不服，立即給玻爾寫信報告了情況。至少是部份地受到這件事的影響，玻爾就向薛定諤發出了到丹麥講學的邀請。

薛定諤於同年十月初訪問了哥本哈根，他的講學很成功，但是他主張用物質波的共振來代替不連續的量子躍遷，這卻是玻爾和他的人員們無論如何不能同意的。於是玻爾和他進行了持續的辯論，這實際上形成了隨之而來的量子力學大辯論的先聲[9]。

---

❾ 關於薛定諤 1926 年對哥本哈根的訪問，可參閱：〔1,6, 7-16〕，〔20, 5, 820-828〕等等。

　　和薛定諤進行的爭論肯定刺激了玻爾和海森伯，使他們更迫切地感到了系統地考慮量子力學之眞正物理意義的必要性。在隨後的幾個月中，他們認眞討論了這方面的問題。後來玻爾感到需要休息一下，就於1927年的二月中旬去了挪威，在那裏停留了大約一個月。後來他回憶說，正是當他在挪威滑雪的期間，他醞釀成熟了考慮已久的關於互補性的思想。

　　由他和別人的通信可以考知，玻爾在 1927 年 3 月 18 日以前回到了哥本哈根。那時海森伯已經完成了關於測不準原理的論文初稿。論文於 3 月 23 日寄到了德國 Z. Phys. 的編輯部，其時玻爾並未完全同意這篇論文的內容。他當然清楚地意識到了這篇論文的重要性，但是他在許多具體的表達方式方面卻有不同的意見，他和海森伯討論了論文的細節。後來海森伯在接受 AHQP 的採訪時曾經回憶說[⑩]：

> 玻爾和我自己之間的爭論的困難在於，我要完全從量子力學的數學方案出發，並且有時也許作為數學工具而用一用薛定諤理論，但是絕不涉及我不能相信的薛定諤詮釋。然而玻爾卻希望以某種方式來認眞地對待詮釋，並且想要運用兩種方案。

這是海森伯所感受到的他和玻爾之間的思想差異。其實差異恐怕還不僅如此，只要讀讀海森伯的測不準原理論文和玻爾首次論述互補性觀點的「科莫演講」，就可以看到他們二人在品味上、在

[⑩] 轉引自〔1, 6, 15〕。

風格上是何等的不同。

海森伯題爲「論量子理論的運動學的和力學的直觀內容」的論文[11]，主要是從理論物理學的角度而不是從哲學概括的角度處理了所要討論的問題。文中通過「假想實驗」的分析和量子力學的推演而得出了重要的結論：在古典意義下爲共軛的兩個動力學變量，例如緣同一方向的座標和分動量，不可能同時有完全準確的值；二者的不準量的乘積恆大於一個常量。文中涉及的一個最有名的「假想實驗」就是所謂「γ 射線顯微鏡」的實驗。設用一部（光學）顯微鏡來測定一個電子的座標。按照已知的關於光學儀器的理論（當然是古典理論），所用的照明光的波長越短，顯微鏡的分辨率就越大，從而所得座標值的不準量（或誤差）$\triangle x$ 就越小。但是，波長越短則頻率越高，而如果把光看成光量子流則每一個光量子的動量也越大，從而在這種「大」光量子的碰撞下，電子動量所將得到的不準量 $\triangle p_x$ 也越大。簡單的估算表明：

$$\triangle x \cdot \triangle p_x \sim \frac{h}{2\pi},$$

式中 h 代表普朗克常量。這裏的論述是經過別人簡化的，海森伯的原始論述比這裏的論述還要籠統一些。此外，海森伯也分析了能量和時間的關係，得出了和上式相對應的關係式。

在文章的末尾,海森伯討論了這種結果的「原理上的推論」。他認爲，「因果性的明確表述」就是「如果我們精確地知道現在，我們就能預見未來」（這顯然是拉普拉斯式的因果原理）。他說在這種表述中，「錯了的並不是結論而是前提」，因爲「在

---

[11] 論文原載 *Z. Phys.* **43**(1927), pp. 172-198，又見〔1,6,160-186〕。

原理上，我們並不能按一切細節來知道現在」。讓我們說得更清楚一點兒，按照古典力學的觀念，一個質點在任一時候的力學狀態，是由該質點在該時刻的座標**和**動量來確定的；也就是說，只有**同時**知道了一個質點的座標和動量，才算真正知道了它的一個狀態，而按照海森伯的分析，這一點是「在原理上」無法做到的。拉普拉斯式的觀念是，至少要知道體系的一個狀態，即初狀態，才能根據古典動力學方程來推斷它的過去和未來。但是，在量子力學的領域中，人們永遠不能按照古典力學所要求的那種詳細程度來知道一個微觀體系的狀態。「前提」不成立，上述那種形式的因果原理也就最多只能是古典物理學的一種極限式的理想或夢想了。

海森伯最後寫道：

> 由於量子理論的統計品格和一些知覺上的不確定性聯繫得十分緊密，人們有可能被引導到一種預設，即認為在所感知的統計性的世界的背後，還隱藏着一個「實在的」世界，而在那個世界中因果性是成立的。但是坦白地說，我認為這樣的猜測是沒有成果的和沒有意義的。物理學只應該形式地描述知覺之間的相互關係。也許人們可以更好得多地表徵事物的實際情況如下：一切實驗都服從量子力學的規律，從而也服從方程式 (1)，由此可見，量子力學已經肯定地確證了因果性的失效。

這種議論毫不含糊地否定了（機械論的）因果原理，把自然過程的「統計性」放到了最基礎的（第一性的）地位上。這對那

些有着古典頭腦的或特別珍愛古典規律的物理學家們真不啻是當頭棒喝，使他們感到「好像腳下的地面突然被撤走了一樣」——這就是中國舊小說中所形容的所謂「萬丈高樓失腳，揚子江心翻船」的那種驚慌失措之感。因此，自從問世以來，海森伯的測不準原理一直成了「衆矢之的」。它受到了來自各方面的批評。各式各樣的人士，博學的和無知的，認真的和胡鬧的，謙遜的和粗魯的，淡泊的和功利的，正直的和詭詐的，大家都參加了這個問題的闡發和討論，「生產」了大量的文獻，有的很有見地，有的不知所云，在國際學術界掀起了一陣陣悅耳的絃歌，也造成了一股股惱人的的噪聲污染。

第五章

互補性觀點的提出

北征車轍，南征歸夢，

知是調停無計。

人間事事不堪憑，

但除却「無憑」兩字！

——王靜安，〈鵲橋仙〉

1. 玻爾的「科莫演講」

當玻爾看到海森伯的1927年的論文初稿時，他對包含在測不準原理中的那種結果甚爲欣賞，而且，在隨後的幾十年中，他一直充當了這一原理的最有本領和最有權威的捍衛者。但是，當時他心中已經有了關於量子力學之物理詮釋的更深刻和更普遍的想法，因此他很不喜歡海森伯那種論證問題的方式。他甚至曾勸海森伯不要發表那篇論文，而且在該文正式問世以前他就已經開始起草自己的一篇論文了。他起初擬定的標題是「量子理論的哲學基礎」，但是這篇論文沒有正式發表，而是逐步演化成了「科莫演講」。

早在 1927 年的 4 月 13 日，玻爾就在一封寫給愛因斯坦的信

中闡述了他對海森伯測不準原理的想法，那封信實際上已經包含了互補性思想的要點❹。事實上，在那段時間之內，玻爾和海森伯之間的辯論並沒有停止。據說他們的關係弄得相當僵，甚至勞動了泡利和 O. 克萊恩 (Oskar Benjamin Klein, 1894-1977) 從中調停。到了1963年，當玻爾已經去世而海森伯也已年逾花甲時，海森伯還沒有忘記三十多年前那場辯論「很不愉快」。他說：「我記得那次辯論是以我的聲淚俱下而告終的，因為我簡直受不住玻爾對我的壓力了。」❷ 這種在玻爾身後講出來的情節，是很值得參考和玩味的。在 1927 年進行那場辯論時，玻爾和海森伯當然還沒有失和。但是海森伯在那年秋天離開哥本哈根而去了萊比錫以後，他對玻爾的態度似乎就有些冷淡的趨勢，說不定他們二人真是從那時（或更早的時候）起就心中有些芥蒂了呢！

　　現在讓我們談到「科莫演講」。義大利的科莫市，位於科莫湖畔，風景幽美，是旅遊勝地，物理學家 A. 伏打 (A.G. A. A, Volta, 1745-1827) 就是在那裏出生和去世的。 1927 年 9 月，為了紀念伏打逝世的一百週年，在那裏召開了一次國際物理學會議，世界各國許多第一流的物理學家應邀出席了會議，愛因斯坦和艾倫菲斯特接到了邀請，但是沒有出席。

　　9 月16日，玻爾在會上發表了演講，闡述了關於量子力學之基礎的觀點，第一次公開論述了他關於互補性的基本想法。演講的原稿已經散佚，經過很大修訂以後，講辭用「量子公設和原子理論的晚近發展」為題刊載在會議文集上，後來又發表在一些科

---

❹ 信的全文見〔1,6,21-24〕。

❷ 1963 年 2 月25日，AHQP 對海森伯的（第八次）採訪紀錄，此處轉引自〔19,65〕。

學刊物上。這就是著名的「科莫演講」❸。

有一位玻爾傳記作者說，　玻爾的這篇演講「就像米斯特拉河水有時在平靜的湖水中激起滾滾的波濤那樣在會場上引起了波動」〔7,162〕。這話其實完全是無中生有的「油醑」。更加瞭解情況的人們指出，當時會場上的那些大物理學家，包括玻恩、費密、海森伯和泡利在內，對這篇演講的反應是「驚人地冷淡的」。演講以後，幾乎誰都沒有在討論中談到玻爾所提出的那些根本性的問題。維格納 (Eugene Paul Wigner, 1902-) 曾經很坦率地說：「這篇演講不會誘使我們中間的任何人改變他自己關於量子力學的看法。」這句話使玻爾很感好玩，他常常很幽默地說維格納確實很貼切地總結了當時人們的印象。但是，後來的事實卻證明，維格納的預言是十分不準確的。

甚至連後來成為互補哲學的「亞聖」的羅森菲耳德，當時也完全沒能領會這篇演講的眞諦。他曾經回憶說❹：

> 事實上，我自己在讀到「科莫演講」時的看法就是，玻爾不過是用一種相當笨拙的形式提出了一些見解，那些見解已經由玻恩更簡單得多地提出過，而且當時在格廷根也已經很通行了。我沒有能夠看出和感覺到那裏邊的任何微妙之處，而且我想當時格廷根的一般感受也是這樣的。

只有在過了一段時間以後，特別是在經過了愛因斯坦和玻爾

---

❸　〔1,6〕中載有「科莫演講」的幾種不同的文本，並在 pp.110-111 上對更多種文本進行了重點的校勘。

❹　1963 年 7 月 1 日，AHQP 對羅森菲耳德的 (第一次) 採訪紀錄。此處轉引自〔1,6,30〕。

的那場辯論以後，人們才漸漸覺察到，在「科莫演講」那種大智
若愚的（「相當笨拙的」）表面下面，原來還隱藏着那麼深奧、
那麼微妙、那麼複雜、那麼獨創的許多觀點和問題。

2.　「科莫演講」的內容

在它的演化過程中，「科莫演講」有過若干不同的文本，它
們在出現的時間和表述的細節上有些出入，但是在總的思想趨勢
上是並無不同的。其中最流行也最成熟的，大概要算發表在《自
然》上的那種版本〔2,52-91〕。

在演講剛一開始時，玻爾很客氣地聲稱，對於量子力學那種
高度發展了的表述形式和詳細內容，許多與會者都比他本人更加
精通，因此他在到這種會上來發言時是不無顧慮的。接着他就
說❺：

> 但是，我畢竟還是願意試着只利用簡單的考慮而不涉及任
> 何專門的數學細節，來對諸位描述某種一般的觀點；我相
> 信，這種觀點適於使我們對於從剛剛開始時看起的那種理
> 論發展的一般趨勢得到一種印象，而且，我希望，這種觀
> 點將有助於調和不同的科學家們所持有的那些外觀上互相
> 矛盾的觀點。

用這樣的開場白，他表明了自己的身份和使命；就是說，他不是

---

❺ 本節中的引文，除另行註明者外，皆引自「科莫演講」的《自然》
　刊行本。

作為一個博學的理論物理學家或專業哲學家來瑣碎地、學院式地討論各種細節，而是作為一位「業餘物理學家」或本義哲學家（哈爾納克意義下的哲學家）來進行某種直指心源的傳道。在隨後的許多年中，玻爾發表了許多闡述他的哲學觀點的演講和文章。他一直保持了這樣的身份和宗旨，從來不曾有很大的改變。他從來不使用很多艱深的名詞，從來不擺出什麼嚇人的「體系」，從來不涉及只有少數人能懂的那種高深的細節；他總是娓娓而談，如泉湧出。但是，由於我們在後文即將提到的某些原因，他的闡述對聽者來說常常變成「拉比的第三次講道」。

在「科莫演講」中，玻爾從一開始就談到了因果性。他指出，古典物理學的一個基本觀點，就在於認為我們可以在對物理現象不造成任何干擾的情況下來對現象進行觀察；按照這種觀點，即使有時在觀察過程中會造成某種干擾，那種干擾也永遠是可知的和可以補償的。通過對可能的干擾進行精確而完全的補償，人們就可以恢復現象在不受干擾時的本來面目。因此現象才有其「獨立的客觀性」，即不隨觀察者和觀察方法的不同而有所不同。正因如此，人們才能在空間和時間中對現象進行因果性的描述。在這裏，玻爾認為因果性表現為動量和能量的守恆性。所謂在空間和時間中排定因果次序，應該是指可以同時進行空間—時間的測量和動量—能量的測量，而且測量在原理上可以進行得無限準確。玻爾把這種情況叫做「空間—時間描述方式和因果描述方式的密切結合」。所謂密切結合，是指同時應用而不造成任何的邏輯說理上的困難。他認為，上述兩種描述方式的無限密切的理想結合，就是古典描述的基本特徵。

另一方面，玻爾指出，量子理論的特徵，就在於承認各個古

典概念對微觀現象的應用帶有一種根本的局限性。量子公設確認
一切微觀現象都具一種完全超出於古典理論的想像之外的本質上
的不連續性，或者說是本質上的「個體性」（後來玻爾也把這種
性質稱爲「整體性」或「不可細分性」）。這就給微觀現象的觀
察帶來新的特點和複雜性。

　　由於原子現象中所涉及的作用量往往並不比普朗克作用量子
h 大許多倍，原子現象的任何觀察就都會涉及觀察對象和觀察手
段之間的一種相互作用。這種相互作用在原理上是不可忽略的和
無法補償的，從而也是不可控制的。於是玻爾就指出：

　　　　因此，就旣不能賦予現象也不能賦予觀察手段以一種通常
　　　物理意義下的獨立實在性了。

必須指出，這句話十分重要，它在實質上等於提前八年預先答覆
了愛因斯坦等人在 1935 年提出的 EPR 佯謬，而且也奠定了玻爾
關於「物理實在」和「自然現象」的看法的基礎。按照玻爾的看
法，在微觀領域中，根本談不到具有「獨立實在性」的現象；一
切現象都是依賴於觀察方式的；觀察方式不同，所觀察的現象就
必須被看成不同的現象。因此，要完全地（完備地）定義一個現
象，就必須把有關觀察方式的一切本質性的說明都包括在定義之
內。但是，由於觀察方式在很大程度上是可以由人來選擇的，從
而「在什麼地方引入包括量子公設及其固有『不合理性』的觀察
概念，就在每一個特定事例中都是一個方便與否的問題了。」玻
爾在後來的一些論文中也曾指出，有時觀察者本人也應被包括在
「觀察手段」之內。這就使人覺得他的主張大有「唯心」之嫌，

於是就招來了許多尖酸的質問，什麼「當你不看它時月亮是不是存在」啦，什麼「我不相信一隻小耗子看上一眼就能改變整個宇宙」啦等等。當然，如果這只是朋友間開開玩笑，那倒也無傷大雅；但是，如果有誰把這些質問看成什麼「毀滅性的批判」，那就有點「拿着棒槌就當針」了。玻爾的原意難道是這樣的嗎？

在對比了古典描述和量子力學描述以後，玻爾就分析說：

> 這一局勢有一些深遠的影響。一方面，按照通常的理解，一個物理體系的態的定義要求一切外來干擾的排除。但是在這種情況下，按照量子公設，任何觀察就都將是不可能的，而首當其衝的則是空間和時間的概念就將失去它們的直截了當的意義。另一方面，如果我們為了使觀察成為可能而允許體系和不屬於它的適當觀察手段發生某種相互作用，體系的態的無歧義定義就將很自然地不再是可能的，從而也就根本談不到什麼通常意義下的因果性了。於是，量子理論的本性就迫使我們把空間—時間標示（coordination）和因果性要求看成〔現象的〕描述的一些分別代表着觀察的理想化和定義的理想化的互補而又互斥的方面，而這二者的結合則是表徵着古典理論的……事實上，在原子現象的描述中，量子公設向我們提出了發展一種「互補性」理論的任務，這種理論的自洽性只能通過權衡定義和觀察的可能性來加以判斷。

在這裏，第一次出現了形容詞「互補的」和名詞「互補性」。雅默爾曾經根據「科莫演講」的流行版本進行過統計，發現玻爾共

用了十五次形容詞「互補的」，例如描述的「互補的」特點、特色和性質等等；另外還用了三次名詞「互補性」(complementarity)，此詞通常是指「互補關係」，正如「因果性」往往是指「因果關係」一樣。

按照玻爾的看法，體系的態的概念和體系的觀察的概念，至少在微觀領域中是不能共存的，也就是說，二者是**互斥的**；但是它們又全都有用，哪一種也不能完全被廢棄，於是就說它們是**互補的**。這就是玻爾的「互補性」這一概念的大意。進一步的分析將在以後幾章中進行。

緊接着，玻爾就討論了光和物質的「終極成份」的波粒二象性。一方面，通常的電磁波理論可以對光在空間和時間中的變化過程作出完全令人滿意的描述。在這方面，關於干涉、衍射和偏振的精密實驗已經給光的波動學說提供了具有充分說服力的證據。但是，在另一方面，當問題涉及光和電子等等的相互作用時，人們卻發現必須採用「光量子」的觀點。這時，動量和能量的守恆性「卻只能從愛因斯坦所提出的光量子概念中找到適當的表示」，而按照玻爾的看法，動量和能量的守恆性就代表光現象的因果性一面。我們知道，關於光量子概念的適用性，也有許多實驗(其中包括否定了 1924 年 BKS 論文之基本假設的那些實驗)給出了有力的證據。因此，誰也不能完全確定斷言光「是」波或「是」粒子。於是玻爾就說：

關於光的本性的兩種看法，倒是應該被看成詮釋實驗證據的一些不同的嘗試，在這些嘗試中，古典概念的局限性是用一些互補的方式被表達出來的。

這裏談到了表達古典概念之局限性的一些**互補的**方式。

　　光的情況是如此，電子等等的「物質終極成份」的情況也是如此。玻爾分析了這種情況，並且總結說：

　　　　事實上，我們在這裏遇到的，又不是現象的一些矛盾的圖景，而是現象的一些互補的圖景，這些圖景只不過共同提供着古典描述方式的一種自然的推廣而已。

這裏談到了一些**互補的**圖景，它們「共同提供着」某種東西，因此才可以說是「互補的」。我們在此指出，凡是「圖景」，都是仿照某種直觀的從而也是宏觀的、古典的東西建立起來的。波和粒子本來都是古典的概念，人們把它們借用過來，「扣到了」微觀事物的頭上。這帽子是否合適，當然誰也沒有把握。事實上發現，兩種概念都不完全合適，都有和實際情況相近的地方，也有和實際情況格格不入的地方。這也是完全可以設想的，你給夫人做了兩套很不相同的衣服，結果發現新生的小女兒全都穿不得，這有什麼值得大驚小怪的呢（當然，微觀和宏觀的區別還不僅僅像大人和小孩的區別那樣，這裏講的只是「比喻」。）？奧本海默 (J. Robert Oppenheimer, 1904-1967) 說得好❻：

　　　　我們滿懷舊的想法和舊的用語而來到我們那些新的問題面前；這裏不但包括那些不可避免的日常生活用語，而且也

---

❻ J. R. Oppenheimer, Communication and Comprehension of Scientific Knowledge, *Science,* **142** (1963), p. 1144。

包括那些在許多年中被經驗證實為很有成果的用語……我
們喜愛舊的用語、舊的形象和舊的類比，並且保留它們，
把它們應用到越來越非習見的和越來越難以覺察的東西
上。

也許，正是在這種舊表象和新事物的互相鑿枘中，就隱藏着波粒
二象性這一「兩難問題」的認識論根源。

玻爾考慮了波和粒子之間的定量聯繫：

$$E\tau = l\lambda = h$$

式中 E 和 l 代表粒子的能量和動量，τ 和 λ 代表和粒子相聯屬的
波場的振動週期和波長，而 h 代表普朗克常量。早在 1920 年，
當量子力學還遠遠沒有出現時，玻爾就針對上面這種關係式發表
過很精闢的見解。七年以後，他就通過考慮定義式中各物理量時
所能達到的精確度，並考慮它們和空間—時間標示的關係，提出
了海森伯測不準關係的一種並不涉及 γ 射線顯微鏡之類的假想實
驗的普遍推導。

但是玻爾接着也分析了那種假想實驗。為了揭示現象描述中
的那種普遍的「互補的特點」，他仔細分析了定義所涉及的各物
理量的可能性。他得到結論說：

事實上，由以上的考慮可以推知，一個粒子的位置座標的
測定，就意味着它的動力學行為之因果描述中的一次完全
的中斷，而粒子動量的測定，就永遠蘊涵着有關它的空間
傳播的知識中的一個缺口。正是這種局勢，就以一種最醒

目的方式揭示了原子現象之描述的互補特色……

　　必須指出，玻爾在「科莫演講」中明確地談到了他的對應原理，討論了這一原理和海森伯矩陣力學的關係。他說：

　　　　這一原理對光譜學結果之詮釋的運用，是建築在古典電動力學的一種符號性的應用上的；在這種應用中，各個躍遷過程分別和按照普通力學所將預期的原子內粒子的運動中的各個諧和分量聯繫了起來。

這等於是玻爾親自敍述的對應原理。在這種敍述中，他完全沒有提到任何的極限條件。那些牽強附會、不知所云地把什麼極限重合性誤認成對應原理的「研究者」們可以休矣！

　　關於對應原理的進一步發展，他提到了拉登堡 (R. Ladenburg, 1882-1952) 和克喇摩斯的色散理論。他說：

　　　　雖然正是克喇摩斯對色散的處理給對應考慮的合理發展提供了重要的線索，但是只有通過在最近幾年中創立起來的量子理論方法，在上述原理中提出的那些普遍的目標才得到了一種適當的表述。

這又是把矩陣力學看成了對應原理的嫡傳後代。接着他就概略地論述了海森伯力學和薛定諤力學。他也提到了玻恩對波函數所作的統計詮釋，評論了薛定諤那種「波動就是一切」的觀點。

　　然後他就進一步討論了「定態的實在性」，再次闡發了定態

概念和觀察概念之間的互補關係。他總結說：

> 總而言之，定態概念和個體躍遷過程的概念，可以認為在
> 它們的正式範圍內和個體粒子概念本身具有同樣多的或同
> 樣少的「實在性」。在兩種事例中，我們都涉及的是和空
> 間一時間描述相互補的一種因果性的要求，其適當的應用
> 只受到定義和觀察的有限可能性的限制。

在某種意義上，這段話也可以說是對薛定諤觀點的一種反駁。

玻爾也談到了基本粒子問題。在這方面，他提到了電子的自旋，也提到了許多別人的工作，同時他也討論了當把量子理論和相對論互相結合起來時所將遇到的困難。最後他用一種希望結束了自己的演講：

> 然而我希望，互補性這一意念是適於用來表徵這種局勢
> 的，它和人類意念形成中的那種普遍的困難有着深入的類
> 似性，而那種困難是主體和客體之間的區分所本來就固有
> 的。

3.　關於「科莫演講」的幾點說明

考慮到「科莫演講」的特殊重要性，我們在上一節中根據演講的流行版本對它的內容進行了適當的介紹。我們注重的是玻爾那些結論性的觀點。至於得出這些觀點時的具體論證，由於涉及的物理學知識太多，我們無法在此詳加敍述，只能請有興趣的讀

者們自己參考玻爾的原著和其他的有關資料了。

關於「科莫演講」本身，　我們還願意再概括地指出以下幾點：

第一，　在這篇演講中，玻爾第一次在許多大名鼎鼎的物理學家面前正式提出了他的「互補性」觀點，但是卻沒有給出這一概念的成文定義。這是玻爾的一貫作法。他直到逝世也沒有給出過那樣的定義。

第二，　他娓娓而談，涉及了微觀物理學中的許多問題。對於那些問題，與會者們肯定是都很熟悉的。然而他們當時卻沒有眞正領會玻爾對這些問題的本質的看法，也沒有意識到這種看法的根本性和革命性。

第三，　在這篇演講中，以及在他後來的許多論著中，玻爾從來沒有籠統地否定過因果原理，他所否定的只是微觀領域中的因果描述和時空描述的無限密切結合。

第四，　雅默爾曾經總結了玻爾早期得到互補性概念的推理步驟〔19，101〕。他所指出的步驟如下：

(a) 作用量子的不可細分性（這就是量子公設本身）；

(b) 基元微觀過程（例如原子的量子躍遷過程）的不連續性（個體性，整體性）；

(c) 觀察對象和觀察儀器之間不可忽略的和無法控制的相互作用；

(d) 時空的而同時又是因果性的精確描述的不可能性；

(e) 古典描述方式的廢棄（而代之以互補的描述方式）。

在這裏也應指出，玻爾認爲必須放棄的，是古典描述**方式**而不是古典描述的每一個部份。他比誰都清楚，古典的概念和術語是永

遠不能全部被拋棄的，問題是要承認，當使用這些概念和術語時必須注意它們在新形勢下的局限性，而海森伯的測不準關係式就是這種局限性的定量反映。因此，某些關於互補性思想的議論就只是粗心大意的誤解或明知故犯的曲解。例如，機巧和聰明的外才克爾發現了玻爾哲學中的一個「佯謬」。他說：「古典物理學已被量子理論所代替，量子理論是用實驗來驗證的，實驗必須用古典物理學來描述。」❼ 這話聽起來倒也俏皮，茶餘飯後談談倒也無妨，但若被那些熱心於「批判」玻爾的無知勇士們借了去也會掀起一陣小小的喧囂的。我們倒不免認為，在玻爾逝世以後這樣來議論他，作為晚輩的外才克爾在語氣上是輕狂的，在思想上是疏陋的，而其居心也是大可玩味的。

第五，在「科莫演講」中，玻爾不止一次地提到了他的對應原理。他很滿意地把新興起的量子力學看成了對應原理的新形式，即充份發展了的形式。在某些段落，他強調、指出了新量子力學滿足對應原理的要求。這都很有力地指示了到底什麼才是真正的對應原理，是很值得那些想要「研究」對應原理的人們好好體會體會的。

第六，玻爾指出，在古典物理學的範圍內，一個粒子或質點有其完全獨立的「實在性」；而在量子理論中，由於波粒二象性的存在，或者說得更本質一些是由於觀察對象和觀察手段之間的不可控制相互作用的存在，一個對象以及它的態卻都只有意義有限的（「同樣多或同樣少的」）「實在性」，因為這是依賴於觀察手

---

❼ 見 T. Bastin (ed.), *Quantum Theory and Beyond*, Cambridge Univ, Press, 1971, pp. 25-26。

段的。在這樣的意義上，一個自由電子和一個束縛電子應該被當作兩個不同的觀察對象來處理。在後來對玻爾觀點提出的詰難或反駁中，人們（以愛因斯坦爲首）常常忽略這一點。他們總是有意或無意地賦予觀察對象以那種習見的（古典的，絕對的，完全獨立的）實在性。這種作法當然不可能使玻爾心悅誠服。

第七，在「科莫演講」中，玻爾也把互補性思想的提出和愛因斯坦相對性原理的提出作了對比。這也是他很喜愛的一個話題，在後來的論著中也曾多次談到。

4.　互補性和測不準原理

有人說，海森伯測不準原理的提出刺激了玻爾，使他創立並發展了關於互補性的思想。筆者當年也誤信和傳述過這種說法，甚慚諛陋! 事實上這種說法也只是想當然耳的推測，並沒有什麼歷史根據。以後我們即將講到，玻爾在上大學時就已經有了關於事物之間的後來被他稱之爲互補性的初步看法，只是當時還沒有醞釀成熟，也沒有正式提出而已——那時海森伯還是個兩三歲的小娃娃。到了1927年以後，玻爾在談論互補性時常常指出，原子物理學（或量子力學）爲互補性思想提供了「最簡單」的實例，使人們能夠更清楚地窺透箇中形勢。在這種意義上，至少在物理學的範圍內來看，互補性思想也還可以說是和測不準原理有很密切的關係的。

在「科莫演講」中，玻爾從波和粒子的一般性質出發，給出了海森伯測不準關係式的普遍論證。這種論證既沒有明顯地引用特定的假想實驗，也沒有直接使用新量子力學的計算手段，而且

從一開始就把波動圖景和粒子圖景放到了平等的（互補的）地位上。因此，這種論證在思路上和方法上都是和海森伯的原始論證很不相同的。雅默爾曾經指出，他們二人的分歧不在於實驗事實或數學表述形式，而在於認爲所面臨的形勢在多大程度上需要一種詮釋。海森伯滿足於一件事實，那就是，不論是粒子語言還是和它完全無關的波動語言，都可以在一定限度上用來描述光學現象，而測不準關係式就是那種「限度」的數學表述。但是，另一方面，玻爾卻堅持主張了使用兩種語言的必要性。在他看來，測不準原理表明了這樣一件事實：必須修訂的不是（或主要不是）古典概念本身，而是如何理解有關「解釋」這一概念的那種古典想法。

　　如所周知，海森伯測不準原理的提出，震驚了除玻爾以外的許多可敬的物理學家，而另一方面玻爾在他的「科莫演講」和其他論著中，卻津津有味地論證和分析了測不準原理，而且總是把這一原理說成他的互補性觀點的重要例證。這樣一來，就使得許多反對玻爾觀點的人把主要力量集中到了反對測不準原理上。事實上，海森伯最初是爲了弄清楚雲室中的粒子徑跡等等的意義而得到了他的原理，而玻爾則是從互補性這一基本觀點出發來對這一原理本身的意義進行了闡釋。在這種意義上也許可以說，海森伯原理是量子力學表述形式的詮釋的一個重要部份，而玻爾的互補性觀點則是在更深的層次上對海森伯原理本身作出了物理的或哲學的詮釋。事實上，在幾十年的時間內，爲了答覆愛因斯坦等人的挑戰，玻爾在有關測不準原理的問題上傷了許多腦筋，也得到了很多收穫，他大大闡發了這一原理的隱微意義。

　　玻爾從來不曾把測不準原理看成他的互補性思想的前提。在

他看來，這二者的起源都可以追溯到量子公設；就是說，他的互補性思想是用來描述現象的一種觀念構架，而海森伯的原理則是量子公設的一種形式化的數學推論。關於他們二人在思想上和處理手法上的差別，我們在下文中還會談到。

5. 所謂「哥本哈根學派」

如果相信世界上果真有過一個「哥本哈根學派」，那就當然必須承認尼耳斯‧玻爾是這一學派的開山祖師和精神領袖，而玻恩、海森伯、泡利、羅森菲耳德等人則是這一學派的重要成員。然而實際的情況卻比某些淺見之士的想像要複雜得多。因為：

第一，就我們所知，「哥本哈根學派」這個名詞，在世界範圍的學術文獻上出現得並不是很多。在本行的物理學文獻上，人們談論得更多的是量子理論的「哥本哈根詮釋」，或稱「正統詮釋」。在物理學史或科學哲學等等的文獻上，出現得更頻繁的是「哥本哈根觀點」、「互補性概念」、「測不準原理」等等；至於「學派」，則只是偶爾提到，而且其意義也往往相當含混。

第二，玻爾和他的師友弟子們，很少自稱為「哥本哈根學派」。他們絕對不是那種以拉幫結派為能事的江湖術士，也不擅於、不屑於大吹大擂和自我標榜。如果他們在非常少見的情況下偶然提到「哥本哈根學派」，那通常也只是指的「哥本哈根科學集體」，和某些人所「理解」（或「不」理解）的「哥本哈根學派」是相去甚遠的。

第三，玻爾他們甚至可能很厭惡這個稱號。因為，玻爾向來最反對在自己身上或別人身上亂貼標籤，而「哥本哈根學派」這

個標籤正是別人硬貼在他們身上的，而且貼標籤的人大都是不懷好意。請想，如有「狂國之人」處心積慮地想把玻爾他們打成「最危險的敵人」之類，則第一步先把他們和一切所要打擊的人劃入同一個「學派」中當然就是很方便的。當年在某些地方，曾上演過「批判」玻爾（和別的科學家）的悲慘鬧劇；而在那些地方，「哥本哈根學派」之名也曾風行一時，以致編寫「類書」（辭典等等）時也要列上這樣一個「條目」。

第四，據我們所知，似乎誰都不曾給「哥本哈根學派」下過一個稍可理解的定義；也就是說，誰也不知道到底什麼樣的人才算屬於這一學派，以及這一學派中到底有些什麼人。結果這個名詞就被搬來搬去，大家人云亦云而又不知所云，充份體現了劇場上的一個「鬧」字。

第五，人們基本上公認的那些哥本哈根學派成員們，在其哲學的、科學的、政治的以及一些其他的基本觀點上往往差異很大，而在表達方式上則差異更大。例如，羅森菲耳德自稱是「辯證唯物論者」（但他批評列寧），他指稱海森伯是「唯心論者」，而這兩位顯然都是哥本哈根學派的中堅人物。這樣一來，人們就更難找出什麼「判據」來判定某人是否屬於這一學派了。

話雖如此，我們總也還得不偏不倚地從正面來談談到底怎樣理解「哥本哈根學派」這個名詞。我們以為，按照慣常的用法，這個名詞主要是指的科學哲學上的一個流派（而不是指的例如理論物理學上的一個流派）。換句話說，這是指的那樣一些人，他們在關於量子物理學等等的問題上有一些頗為相近的認識。因此，判斷一個人是否屬於這一學派，只能看他在某些基本問題上的觀點是否和玻爾的觀點相近，而不必管他是否到過哥本哈根或

是否和玻爾進行過學術合作，更不必管他和玻爾的私人交誼如何。由於任何兩個人的觀點都不可能完全相同，我們在進行這種判斷時也只能權衡輕重和求同存異，而不能把問題看得十分絕對。換句話說，任何的判斷都只能達到「有限的精確度」，而任何關於「哥本哈根觀點」的論述都只能是一種大略的和輪廓式的論述，而不可能凝鍊成一些十分細緻、十分明確、十分完備的僵固條文。在這樣的理解下，我們可以試着列舉「哥本哈根學派」所基本上共有的幾個基本觀點：

A. 他們都承認波函數的幾率詮釋。就是說，他們都認爲，量子理論所提供的，一般只是關於研究對象的一種幾率性的信息。他們認爲，波函數所描述的是單個的微觀對象，而不是由無限多個相同的假想對象所形成的統計系綜。在這種意義上，他們認爲量子理論(量子力學和量子場論)是關於微觀現象的一種最基本的和古典動力學地位相當的理論，而不是「上層建築式的」和古典統計力學地位相當的理論。也就是說，在他們看來，現在這種形式的量子理論已經是最後的基層，在它的下面不可能另有任何「因果性的」基層，因而也不可能再挖出層次更深的眞有意義的什麼「隱變量理論」了。這是一種認爲幾率規律比因果規律更原始的看法。按照這種看法，量子理論中的幾率，基元微觀過程的幾率，是一種先驗的、第一性的東西，它不能被簡化成、被歸結到更進一步基本的東西（因爲那種東西不再有了），也不能通過實驗技術或理論概括的任何改進來加以消除，因此微觀領域中的基礎理論將永遠是幾率式的理論。

B. 他們至少是基本上同意玻爾關於微觀現象的 「 測量 」 的看法。按照玻爾的論述，測量儀器是一些宏觀物體（服從古典物理學的規律）；儀器所顯示的實驗紀錄，是一些不可逆轉的永久性的宏觀「痕迹」，例如照相底片上的斑點。但是，普朗克常量或稱作用量子 h 是一個不等於無限小的有限量，而且它在微觀現象的測量中一般是不可忽略的。因此，在這樣的測量中，測量儀器和觀測對象之間通常就會有一種相互作用；按照玻爾的分析，這種相互作用是不可避免的（否則觀測將成為不可能）、無法補償的和不可能隨意壓小的，從而也就是「不可控制的」。由於這種非無限小的不可控制的相互作用的存在，觀察對象及其量子態就都不具備和觀察儀器及實驗條件無關的「獨立實在性」；而且，由於這種相互作用的存在，對微觀體系的每一次空間一時間的測量，都將在由動量及能量的守恆性來表示的因果鏈上造成一個「斷口」。這就是微觀規律的幾率本性的起因。

C. 他們都認為海森伯測不準原理是一條很重要的基本原理，但是，關於這一原理的確切物理涵義，以及這一原理和微觀對象的確切關係等問題，他們的看法卻又並不完全一致。

D. 他們至少是基本上相信玻爾的互補性觀點；也就是說，他們相信在微觀領域中不可能十分準確地得出「空間一時間中的因果描述」，從而也對一般意義下的因果原理持保留態度。按照玻爾的說法，為了「整理我們在原子領域中的經驗」，一般的因果原理已經被證明為一種「過於狹窄的觀念構架」，必須用「互補原理」這一更寬廣的構架來代替它。玻爾一直宣稱，互補原理是因果原理的合理推廣，正如愛因斯坦的時

空觀是牛頓時空觀的合理推廣一樣。因此，玻爾本人就認
爲，互補性觀點的提出是人類認識史上的一大進步，而贊成
他的人們則更說它是「在我們對生存於其中的那一宇宙的理
解方面開闢了新的一章」，或者說它是「我們這個時代中最
革命的哲學觀念」〔19,94〕。

E.　以上主要是關於微觀物理學的一些看法，這代表了量子力學
表述形式的「哥本哈根詮釋」的要點。在更加廣闊的知識領
域中，人們的看法分歧更大一些，但無論如何他們是尊重玻
爾的意見的，而玻爾在「主觀和客觀的關係」、人類的認識
有沒有「終極界限」、「科學的目的」和「知識的性質」等問
題上也發表了不少很有特點的創見。

　　我們指出，在以上所舉的幾點中，最基本的當然還是玻爾
的「互補性」這一觀點。他自己不常把這一觀點稱爲「互補原
理」，但這實際上是一條很普遍的基本原理，因此，「互補原理」
一詞在學術文獻上也是相當常見的──已刻在普林斯頓的玻爾紀
念碑上。

　　另外也可以指出，從它的性質來看，玻爾的對應原理（又稱
「對應考慮」、「對應論證」，等等）是屬於物理學本身的一條原
理；不經過放肆的歪曲，它是根本不能被說成什麼「物理學方法
論的原理」或「普遍的哲學原理」的。因此，我們並不認爲對
應原理也屬於「哥本哈根觀點」之列──它是「前量子力學的」
(pre-quantum-mechanical) 一條原理。因此，當判斷一個人
是否屬於「哥本哈根學派」時，也就是根本用不着考察他是否承
認對應原理，而且考察了也沒有用。例如，愛因斯坦很可能是承

認對應原理的(沒有批評過)，但他顯然不屬於任何意義下的「哥本哈根學派」。

　　在那種上演過「批判」玻爾的鬧劇的地方，有人得到一種虛假的印象，認為「哥本哈根學派」在國際上已經失勢。於是就有一種以「唯物」自居的權威迫不及待地跳出來作了完全主觀唯心的結論，說什麼哥本哈根學派「從來也沒有在物理學中取得過真正的統治地位」，云云。然而根據何在呢？事實上，只要不抱太大偏見地多找幾本「物理學中的」書來看看（假設多少還能看懂），就知道事實原來大謬而不然。要知道，提出哥本哈根觀點的玻爾（互補性）、玻恩（幾率詮釋）、海森伯（測不準原理）等人，在量子理論的創立和發展中起了十分主導的作用，他們的觀點當然會受到很大的重視。另外，他們的觀點在邏輯上是自洽的，是無懈可擊的。這一點甚至連愛因斯坦也不得不在口頭上承認。特別是，他們的觀點可以很自然地解釋所有已知的經驗事實，也正確地預見過某些當時未知的實驗事實——因此在物理學界，特別是在哥本哈根，人們長期流傳着一句話：「玻爾永遠勝利！」由於有這些情況，哥本哈根觀點自從被提出來以後就在全世界廣大的物理學界（閉塞落後的地區除外）發生了非常廣泛、非常深入的影響。許許多多傑出的理論物理學家，正是在這種觀點的薰陶和指導下成長起來，並進行了他們的獨創探索和取得了他們的光輝成就的。

　　當然，反對哥本哈根觀點的人，也「從來」就是有的。那些反對者們，有的只是在一些不十分本質的問題上保留了自己的看法；有的是由於跳不出自己已成習慣的哲學信念的限制而不能接受或不能理解玻爾他們的觀點；也有的人在上意識中宣稱反對，

但是一遇到比較具體的問題，卻又常常不知不覺地滑到「哥本哈根陣營」中去。所有這一切都不應該受到指摘而應該受到歡迎。但是必須知道並承認歷史的事實，那就是，哥本哈根觀點和非哥本哈根觀點之爭，「從來就是」多數人和少數人之爭；哥本哈根觀點，「從來就是」而且現在仍是物理學中和科學哲學中最有影響的一種觀點。也難怪羅森菲耳德不無道理地宣稱，量子力學的哥本哈根詮釋，不是若干詮釋中的一種，而是唯一的一種❽，也就是說，唯有它，才是能夠自圓其說而又不包含什麼牽強的或多餘的人爲要素的一種詮釋。人們可以對它的某些結論有所保留，也應該承認它還有某些地方有待發展和改進，但是誰也不應該閉眼不看多年以來的歷史事實，更不應該自誤誤人地推銷那種閉門造車式的囈語!

---

❽ 見 J. Mehra, *The Quantum Principle: Its Interpretation and Epistemology*, D. Reidel Publ. Co., 1974, p.5 上的小注。

第六章

愛因斯坦——玻爾論戰

學問更當窮廣大，

友朋誰與共磨礱？

——陸放翁，〈示友〉

1. 一場學術領域中的世界大戰

量子概念一出世，就引起了包括普朗克本人在內的許多著名物理學家的很大困惑。光量子假說的提出，一度被看成愛因斯坦科學工作中的某種「失誤」。玻爾的原子結構理論取得了那麼重大、那麼多樣的成就，卻總是有人指摘它的邏輯非自洽性，說它是一鍋古典理論和量子概念的「大雜燴」。由此可知，量子理論的發生和發展，一直是在讚譽和詰難交相為用的風風雨雨中進行的。到了後來，隨著量子力學的興起和哥本哈根詮釋的提出，一場世界範圍的空前複雜的學術大論戰就到了一觸即發的狀態。

前已提到，薛定諤在 1926 年的 10 月訪問了哥本哈根，由於提出要用三維空間中的波動圖景來代替量子躍遷而受到了玻爾等人的反對。那一次辯論可以說開了以後這場大論戰的先河。從那場延續了很久的大論戰以後，第一代量子物理學家都已老成凋謝

了，但是關於量子力學的辯論卻還時起時伏，方與未艾，根本還
看不到任何分出確定勝負的迹象。它已經擴大成了一種「多極的」
戰爭，人們在論戰中分別提出了許多不同的觀點和理由，擺出了
一些「新武器」，開闢了一些「新戰場」，也顯示了一個又一個的
新戰局和新階段。不過必須指出，在論戰剛開始的一二十年中，
愛因斯坦和玻爾之間的爭論形成了論戰最主要的部份。在他們二
人先後逝世以後，論戰仍在進行，而且也有了一些新的發展，
但在總的形勢上卻似乎和他們在世時有些不同了。現在已經沒有
他們那樣的大思想家擔任雙方的主帥，而且有更多的「職業哲學
家」參加了進來，於是戰場顯得比以前更加分散，而人們的辯論
方式也進入了更繁瑣、更形式、更學院氣的軌道，甚至有時大有
「鑽牛角尖」的氣概了。

　　在一些文獻上，人們常把愛因斯坦和玻爾之間的學術爭論稱
爲「玻爾─愛因斯坦論戰」或「玻爾─愛因斯坦對話」。但是，
把它稱爲「愛因斯坦─玻爾論戰」也許更合適些。理由有二：第
一，愛因斯坦年歲較大，成名也較早，理應排在首位。第二，
這場爭論其實是由愛因斯坦而不是由玻爾「挑起」的，實際情況
是，玻爾只是一般地當衆闡述了自己的觀點，而愛因斯坦卻一次
又一次地向玻爾發動了「挑戰」。

　　當然無庸贅言，只要不夾雜感情因素，學術爭論就總是正常
的和有益的。事實上，通過答覆愛因斯坦的挑戰，玻爾的許多觀
點受到了有力的磨礪。這一點，玻爾心中也是很清楚的。對他們
二人都相當瞭解的 J. A. 惠勒曾經評論說[⑪]：

---

⑪　方勵之編的惠勒演講集，《物理學和質樸性》，安徽科學技術出
　　版社，1982 出版，p.2。譯文略有修改。

　　近幾百年來很難找到可以和這場論戰相提並論的其他先例。這場論戰發生在如此偉大的兩位人物之間，經歷了如此長久的時間，涉及了如此深奧的問題，而卻又是在如此真摯的友誼關係中進行的。

　　毫無疑問，愛因斯坦和玻爾，是本世紀以來最偉大的兩位物理學家和思想家。但是他們兩人在家庭環境、教育背景、本人性格、思想傾向、工作方法、研究領域、婚姻子女、社會活動等方面，都表現出很大的差異。因此我常說，從這些以及更多的方面對他們進行比較，探索他們的異同，分析這些異同的形成條件，研究這些異同和條件怎樣具體地和在多大程度上影響了他們的意見分歧，這應該是科學—哲學領域中一個很有興趣和很有意義的課題，可惜這工作似乎還不曾有什麼有心人真正下功夫去作過。這且不談。我們在此只想指出，他們二人在這場論戰中都堅持了自己的主張，不肯隨便讓步，但是他們在爭論的「方式」上卻也有些不同。玻爾總是感謝愛因斯坦，認為愛因斯坦的挑戰使他受益很大。他說，為了答覆挑戰，使他不得不更深入、更細緻地考慮了問題，這就有效地促進了他的互補性思想的精化和改進。在討論問題和回答質詢時，他的口氣永遠是謙遜和平的，他的態度永遠是溫文爾雅的。另一方面，愛因斯坦的個性比較急躁，容易激動，他當然不是那種盛氣凌人的學閥，但是他往往措辭比較尖銳，有時說出些帶有挖苦意味的話來。這樣的態度，如果不是玻爾天性特別寬厚，也並不是一定不會造成一些隔閡的。

　　大體說來，愛因斯坦—玻爾論戰可以分成三個階段：他們

二人從二十年代初期開始相識，當時在學術觀點上就有些分歧。
不過那時他們之間的爭論還停止在私下交換意見上，分歧還沒有
「激化」。這是論戰的「初期階段」。1927 年玻爾互補性觀點的
正式提出，導致了他們先後在兩次學術會議上的公開辯論。這是
論戰的「交鋒階段」。在 1930 年以後，愛因斯坦改變了他的主攻
方向。爭論在 1935 年達到了一個新的高潮，但是直到他們先後
逝世時爲止，他們全都沒有改變自己的觀點。這是論戰的「僵持
階段」。事實上，在愛因斯坦於 1955 年逝世以後，玻爾仍然「在
內心中」和他爭論。他自稱，每當心中出現一種想法時，他就會
問自己「愛因斯坦將會怎麼說？」然後考慮最好的答覆。後來，
玻爾也在 1962 年逝世了，他們個人之間的辯論當然就停止了。
但是兩種不同觀點的分歧當然還在，無人有足夠的資格來判斷誰
是誰非。

　　愛因斯坦—玻爾論戰，很有力地推進了人們的學術思維。但
是後人對這次論戰及其問題的研究進行得不夠深透，失之就事論
事，所用的方法偏於繁瑣而形式化。因此常有人慨歎說，現在已
經沒有像愛因斯坦和玻爾那樣的偉人，所以學術辯論也不像從前
那樣振奮人心了。

　　和這場論斷有關的原始文獻，可以利用的非常有限，因爲
當時的論戰主要是在口頭上進行的，留下來的文字紀錄本來就很
少。因此，要想深入瞭解論戰的實質，一個重要的方法還是要
從他們在其他方面的原始著作中去探求。那些原始著作即使在表
面上和所爭論的問題沒有多大直接的關係，但畢竟有助於我們瞭
解他們二人當時的眞實想法，從而是任何間接的資料所不能代替
的。

　　除此以外，當然還可以參考當事人和目擊者們在事後發表的回憶和論述。在這方面，我們很幸運地有玻爾自己和愛因斯坦自己的著作。 1948 年， 玻爾訪問了美國的普林斯頓高級研究所，當時人們正在籌備出版一本祝賀愛因斯坦七十壽辰的文集，玻爾應邀爲該書撰寫了一篇長文，系統地論述了他自己對論戰的回憶和看法，這就是那篇有名的〈就原子物理學中的認識論問題和愛因斯坦進行的商榷〉❷。 這篇文章受到了許多人很高的評價，被說成了柏拉圖以後「 最豐富和最深刻的論證」， 或「一種正確詮釋所必須建築於其上的那些物理基礎的驚人清楚的闡述」， 或「瞭解玻爾的量子力學哲學的最佳途徑」， 或「 當今及以後一切量子力學學習者們的必讀資料」等等。無論如何， 儘管已經是事後的回憶，玻爾這篇綜述肯定是一份很重要的參考資料。除此以外， 那本文集中還收錄了玻恩和泡利等人的文章。特別是，愛因斯坦不同意玻爾他們觀點，他在文集的末尾加了一篇〈對批評的答覆〉〔30,663-688〕，很坦率地發表了自己的意見。這篇〈答覆〉肯定也是很重要的參考資料。

　　第二手和多次轉手的資料倒是很多的。但是那些東西品質不一，有賴於研究者們自具眼孔，認真甄別！

2.　論戰的初級階段

　　愛因斯坦和玻爾之間的爭論，從一開始就不是什麼具體的科學方面的分歧，更不是個人關係上的不和或意氣用事。他們每一

---

❷ 見〔30,199-241〕或〔3,32-60〕

個人對於另一個人在科學上的重大成就，一向是評價很高的，並沒有什麼遺憾。在私人關係上，他們總是互相推崇，互相欽佩，互相支持，也從來沒有什麼芥蒂。尤其是，他們有一位共同的好友艾倫菲斯特，此人也在促進他們之間的友誼方面起了很好的作用。

　　前面說過，玻爾早在上大學時就讀過愛因斯坦的著作。他在自己的博士論文（1911 年）中提到了普朗克和愛因斯坦對古典電動力學的基礎進行修訂的那些嘗試，並且說那些嘗試「似乎正在導致很有興趣的結果」。另一方面，當玻爾的原子結構理論剛一問世時，一向對理論的完整性要求甚高的愛因斯坦就對這種形式遠非多麼完整的新生理論作出了很高的評價。另外，科學史界有人宣稱玻爾早年反對過愛因斯坦的光量子概念，但是所舉的論據十分牽強，所以那種說法也只能算是「查無實據」。

　　那麼，他二人的早期分歧到底是什麼呢？對於這個問題，人們也有一些不同的猜測，而且可用的文獻證據十分不足。但是，揆情度理，也還是可以看出一些端倪來的。雅默爾認為〔19，121ff〕：

　　　　然而，仔細分析一下就能够發現，他們後來的那種針鋒相對的典型立場，已經是可以辨認出來的了。玻爾堅持的是對古典力學概念的深刻背離的必要性，而愛因斯坦雖然也贊同光的波粒二象性，但是他却確信這兩個方面可以因果地互相結合起來。

接着，雅默爾就舉出了一些文獻證據。我們認為雅默爾的這種分

析是可信的，玻爾本人的回憶（儘管只是「回憶」）也可以作為有力的旁證。我們知道，玻爾在 1920 年訪問柏林時第一次認識了愛因斯坦，不久以後愛因斯坦也訪問了哥本哈根。從他們當時的通信來看，早在那時，他們的感情已經非同一般了。當愛因斯坦來到哥本哈根時，玻爾到火車站去接他，兩個人乘公共汽車回家，但是在車上談得高興，忘了下車，一直坐到終點站又回來，據說一直往返了好幾次。玻爾在〈商榷〉一文中講了愛因斯坦的許多優點，他回憶二十年代時的情況說❸：

> 但是，態度上的和看法上的一定差別還是存在的；因為，愛因斯坦最擅於不拋棄連續性和因果性，而來標示那種表面上矛盾著的經驗；他或者比別人更不願意放棄這些概念；而在別人看來，放棄這方面的概念，卻顯得是標示有關原子現象的證據這一當前工作所可能遵循的唯一出路，而那些千變萬化的證據則是在這一新知識領域的探索中一天天增多起來的。

在這裏，玻爾所說的「別人」，顯然就是指的他自己。

照此看來，在 1920 年的「遭遇戰」中，他們所爭論的似乎已經不是什麼如何評價光量子概念之類的問題，而是連續性和因果性之類的更根本得多的問題了。這也和玻爾當時的思想狀況相符合。在二十年代初期，玻爾正集中精力發展他的原子結構理論，他經常想到的肯定就是連續性和因果性這樣的問題。

---

❸ 同注❷，以後引此文時不另注。

　　1924 年的ＢＫＳ論文，建議了守恆定律的統計品格。這是愛因斯坦所不能忍受的。他在寫給玻恩的一封信中表示〔14,124〕，如果必須放棄因果原理，他就「寧肯當一個補鞋匠乃至一個賭場的小夥計也不願意當一個物理學家」。

　　他們之間的這種分歧，艾倫菲斯特肯定是很清楚的。1925 年，人們準備慶祝洛侖玆獲得博士學位的五十週年，玻爾應邀前往萊頓參加活動。那年的 9 月 19 日，艾倫菲斯特給玻爾寫了一封熱情洋溢的信〔1,5,326-328〕。他邀請玻爾和愛因斯坦到他家中下榻，以便不受干擾地交換意見。他作出了許多周到的安排，並且保證自己也不介入討論。慶祝會是在 12 月 11 日舉行的，玻爾到了日子才匆匆趕到了萊頓，他大約在 12 月 20 日返回了丹麥。在萊頓期間，他按照艾倫菲斯特的安排和愛因斯坦進行了討論，但是關於討論的詳情現在沒有文獻可考，只能根據少數信件推測他們當時爭論的仍離不開因果性問題。

3.　第一次交鋒

　　愛因斯坦沒有出席 1927 年 9 月間的科莫會議，但是他肯定知道玻爾當時的想法，因爲他收到過玻爾 4 月 13 日的信。由此可知，他對不久以後的公開論戰不是沒有心理準備的。

　　在科莫會議的一個多月以後，第五屆索爾維會議於1927年10月24-29日在布魯塞爾召開，議題是「電子和光子」。但是，據說當時人們都預料到，在這次會議上，主要討論的將是新量子理論的意義這一特別迫切的問題。

　　玻恩和海森伯、薛定諤，都在會上作了專題報告，然後舉行

了一般性的討論。討論會由大會主席洛侖茲（Hendrik Antoon Lorentz, 1853-1928）親自主持。他在致辭時提出，儘管有了海森伯的測不準原理，他也還不能十分確信必須無可挽回地放棄決定論。提出了這樣一個傷腦筋的問題以後，他就要求玻爾談談自己的看法。

玻爾基本上是重述了「科莫演講」中的觀點，接着大家就進行了討論。愛因斯坦起初沒有發言，但是第三個發言的玻恩提到了他的名字，這時他才忍不住地發表了自己的意見。他的意見和當時一般人的觀點很不相同，於是會場上出現了紛紛議論的現象。為了風趣地形容當時那種鬧鬨鬨的狀況，艾倫菲斯特就在黑板上寫了《聖經》上的一句話❹：

因為耶和華在那裏變亂天下人的語言。

這樣，就開始了愛因斯坦─玻爾論戰的第一次公開的交鋒。

玻爾曾經在〈商榷〉一文中回憶過當時的情況。他寫道：

……在討論中，術語上的歧義性給在認識論問題上取得一致造成了很大的困難。這種局面由艾倫菲斯特很幽默地表示了出來，他在黑板上寫下了《聖經》中描述擾亂了通天塔的建造的那種語言混亂的文句。

---

❹ 《舊約全書・創世紀・第十二章》記載遠古時期人類使用同一種語言。後來他們相約建造一個高塔，直通天上。上帝怒其僭妄，就在他們中製造語言上的混亂，於是通天塔就未能建成。見《新舊約全書》，臺灣「中華民國聖經公會」1960年版，頁10─12。

在會場上開始了的討論，在晚間也在較小的圈子內很熱烈地進行；而且，和愛因斯坦及艾倫菲斯特進行長談的機會，乃是一種最可歡迎的經歷。愛因斯坦表示特別不同意在原理上放棄決定論式的描述，他用一些論點來向我們挑戰……但是，那些論點却啓示了我們，使我們進一步探索了量子物理學中的分析和綜合方面的形勢，探索了這種形勢在其他的人類知識領域中的類例……

海森伯也回憶說〔6,107〕：

……討論很快就集中到愛因斯坦和玻爾之間的論戰上來了；他們爭論的問題就是，在它當時的形式下，原子理論到底在多大程度上可以看成那些討論了幾十年的問題的最後解決。我們一般是在早餐以後就在旅館中見面，於是愛因斯坦就開始描述一個理想實驗，而他認為可以從那個實驗中特別清楚地看出哥本哈根詮釋的內在矛盾。愛因斯坦、玻爾和我總是一起步行去會場，於是我就傾聽兩位哲學態度如此不同的人的爭論，並且有時也在數學表述形式的結構方面插幾句話。在會議上，尤其是在中間休息時，我們這些比較年輕的人（多半是泡利和我）就試着分析愛因斯坦的實驗，而在吃午飯時，討論就又在玻爾和其他來自哥本哈根的人們之間繼續進行。玻爾通常是在下午較晚些時候就作好了完善的分析，於是就在晚餐桌上把它告訴愛因斯坦。愛因斯坦對這種分析提不出很好的反駁，但他在內心深處是不服氣的。玻爾的朋友艾倫菲斯特同時也是

愛因斯坦的摯友，他對愛因斯坦說：「愛因斯坦，我真替你害羞，你在這裏把自己和那些妄圖否認你的相對論的人們放在同樣的位置上了。」

顯然，如果艾倫菲斯特在 1925 年還努力使自己不要太深地介入他的兩位好朋友之間的論戰的話，到了 1927 年，他就完全站到玻爾一邊了。他在11月 3 日給他在荷蘭的學生們（高德斯密等人）寫了一封信〔1, 6, 38-41〕，對布魯塞爾的爭論作了又生動又幽默的描寫。

除了不易見到的會議文集以外，其他關於這第一次交鋒的文獻紀錄是非常有限的〔1, 6, 99-106〕。不過我們還是可以瞭解到，愛因斯坦所舉的那些「假想實驗」，是試圖駁倒座標和動量之間的測不準關係式，而玻爾則一個一個地分析了那些實驗，論證了那些實驗結果恰好滿足測不準關係式，無一例外。

4. 第二次交鋒

按照玻爾的說法，他和愛因斯坦之間的爭論，在 1930 年的第六屆索爾維會議上「發生了一個十足戲劇性的轉折」。

在 1927 年以後，玻爾關於量子力學的看法逐漸爲絕大多數物理學家所基本上接受，開始形成了量子力學的「正統詮釋」。玻爾本人也積極地在許多不同的場合繼續闡述並發展了自己的觀點。在他的闡述中，玻爾不止一次地把量子理論和相對論進行了對比。例如他說：

我們從相對論已經瞭解到，我們的感官所要求的那種對空間和時間的截然劃分，其方便性只依賴於一個事實，那就是通常出現的速度和光速相比是很小的。同理我們可以說，普朗克的發現已經引導我們認識到，我們那種以對因果性的要求為其特徵的整個習見態度，其適用性只依賴於作用量子相對於我們在普通的現象中涉及的那些作用量而言的微小性。

這意思顯然就是說，愛因斯坦強調了光速 c 的非無限大性，普朗克發現了作用量子 h 的非無限小性；這二者帶來了相似的局勢，都要求我們從根本上修改關於物理世界的基本觀念。在日常生活中，「我們的感官」要求截然地劃分空間和時間，那只是因為，我們通常所經驗到的速度比真空中的光速小得多。同樣，人類多少年來都是在空間和時間中確立事物之間的因果性，而在玻爾看來，整個這種「習見態度」的適用性，也只是因為你所遇到的那些作用量比普朗克作用量子大得多。換句話說，當所涉及的速度不再遠小於 c 時，空間和時間的截然劃分就不再適用了；同樣，當所涉及的作用量不再遠大於 h 時，事物之間的「習見因果性」也就不再存在了。

玻爾確信，這樣的論證是有深刻的意義和足以說服人的。愛因斯坦堅決相信因果性的絕對權力，他當然不能接受這種論證。他所強調的，不是量子理論和相對論之間的類似性，而是二者之間的差異性，以及它們之間在哲學觀點上和具體結論上的矛盾性。因此，在第六屆索爾維會議上，他又試圖從另一個方面來顯示這兩種理論之間的矛盾，結果反而被玻爾抓住了把柄。

1930 年 10 月 20-25 日，第六屆索爾維會議在布魯塞爾召開。因爲洛侖茲已於 1928 年逝世，會議改由郎之萬（Paul Langevin, 1872-1946) 擔任主席。這次會議的議題是「物質的磁性」，但是從物理學史和人類思想史的角度來看，關於量子力學基礎問題的討論顯然在這次會議上形成了「喧賓奪主」之勢。

前面說過，在第五屆索爾維會議上，愛因斯坦曾企圖利用各種「假想實驗」來否證座標和動量的測不準關係式，並從而駁倒玻爾那種「非決定論的」認識論觀點，結果反而被玻爾所一一駁倒，喫了敗伏。到了第六屆索爾維會議上，他換了一個辦法，試圖通過否證能量和時間的測不準關係式來達到目的。於是他又設計了一個「假想實驗」，卽著名的「愛因斯坦光子盒」的實驗。

設有一個不透明的盒子，用一個彈簧秤掛在固定的底座上。盒子的一個壁上開一小孔，孔上裝有用計時裝置來控制其啓閉的快門。通過掛在盒子底下的砝碼和裝在盒子側面的指針，可以測量盒子及其內容的總重量。愛因斯坦論證說，設快門在一段很短的時間 $\triangle t=t_2-t_1$ 之內是敞開的，而這段時間選得合適，正好允許單獨一個光子從盒中逸出。在初時刻 t_1 以前和末時刻 t_2 以後，都可以要多準確就多準確地測定整個盒子的重量，從而也就可以按照質量和能量的關係式來無限準確地確定盒子在發出光子以前和以後的能量之差。另一方面，按照快門計時裝置的讀數，也可以要多準確就多準確地確定光子的發射時刻及其到達遠處屏上的時刻。這樣，愛因斯坦就認爲，關於能量和時間的測不準關係式被推翻了。

問題的提出使玻爾大吃一驚。據在場的人回憶說，玻爾當時面如死灰，呆若木雞。但是事有湊巧，在此以前不久，玻爾在別

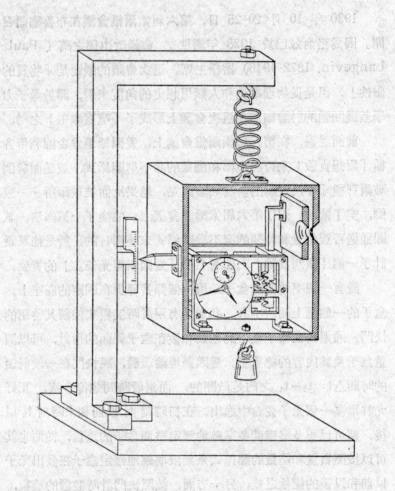

愛因斯坦光子盒

的地方講過廣義相對論，頭腦裏對這種理論記憶猶新，於是他一
夜沒睡，苦苦思索，終於找出了毛病。他十分得意地發現，愛因
斯坦在上述推理中竟忘掉了自己的廣義相對論中的所謂「紅移效
應」，當把這個效應考慮在內時，「光子盒」的實驗就不是違反
而是恰好滿足能量和時間的測不準關係式。這眞是太妙了！ 第二
天，他就在會上介紹了這個實驗的正確分析，他先在黑板上畫了
一個草圖，然後結合此圖闡述了自己的觀點。經過整理以後，他
的分析大致如下〔30, 226-228〕：

於是， 通過用適當的砝碼來把盒子調節到零位置上的辦
法， 就可以按任意給定的精確度△m來稱量盒子的重量。
現在， 重要的是， 按一個給定精確度△q 來對盒子位置進
行的任一測定， 都會在盒子的動量控制方面帶來一個最小
不準量△p， 這二者是由關係式(3)〔按卽△q・△p≈h〕
來聯繫着的。這個不準量， 顯然又小於引力場在稱重量的
整段時間 t 內所能給予一個質量為△m的物體的總衝量，
或者説，

$$\triangle p \approx \frac{h}{\triangle q} \langle T \cdot g \cdot \triangle m \tag{6}$$

式中 g 是重力常量。 由此可見， 指針讀數 q 的精確度越
大， 稱量時間T就越長， 如果要把盒子及其內容的質量測
量到一個給定的精確度△m的話。

現在， 按照廣義相對論， 當緣着引力方向移動一段距
離△q 時， 一個時鐘的快慢就會改變， 卽在一段時間T的
讀數中改變一個量△T， 這個量由下列關係式給出：

$$\frac{\triangle T}{T} = \frac{1}{c^2} g \triangle q \tag{7}$$

因此，比較(6)式和(7)式，我們就看到，在稱量過程之後，在我們關於時鐘校準的知識中將有一個不準量

$$\triangle T > \frac{h}{c^2 \triangle m}$$

這一關係式和公式(5)〔即 $E = mc^2$〕一起，就再次導致和測不準原理相符的結果：

$$\triangle T \cdot \triangle E > h$$

由此可見，如果用這種儀器來作為精確測定光子能量的工具，我們就將不能控制光子逸出的時刻。

　　愛因斯坦顯然承認了這種分析的合理性，他沒有再提出任何別的反駁。因此有人評論說，愛因斯坦在第六屆索爾維會議上提出的「光子盒」，變成了某種「飛去來器」（ boomerang ），本來是瞄準玻爾的，結果卻飛回來打了自己。雖然後來也有人對玻爾的論證提出一些批評〔19, 136ff〕，但是對愛因斯坦來說，這次交鋒卻成了他和玻爾之間的論戰的一個轉折點。交鋒的結果，使愛因斯坦至少在口頭上承認了測不準原理以及哥本哈根詮釋的「邏輯自洽性」。

　　愛因斯坦的敗退使許多哥本哈根觀點的同情者們甚感安慰，他們歡呼了玻爾的勝利。玻爾自己也很高興，他在許多場合下敍述了當時的爭論情況，認爲愛因斯坦竟會忘了自己的理論乃是一件很有趣的事情。不過他是一個非常細心的人，後來他還繼續對自己的論證進行了更多的完善化。

　　玻爾說，一言以蔽之，愛因斯坦在 1930 年的交鋒中打了敗

仗，但是他並沒有心服；雖然在具體問題中被駁倒了，但是愛因斯坦並沒有喪失對因果性的「信念」，他仍然認爲，在量子力學的幾率規律的下面，應該還有更深一層的基本規律，而那種基本規律應該是動力學式的或場論式的決定論規律。他親自思索，也鼓勵別人探索這種規律。他們取得的成就可以說很有限，但是愛因斯坦直到逝世仍然保持着自己的「信念」。

5. EPR 論文

EPR 是三位作者的姓名的縮寫。三位作者是愛因斯坦、波道耳斯基（ Boris Podolsky 1896-1966 ）和羅森（ Nathan Rosen, 1909— ）。他們三位在 1935 年聯名發表的所謂 EPR 論文，標誌了愛因斯坦─玻爾論戰中的一個新階段─「僵持階段」。

當然，假如愛因斯坦或任何別人能夠駁倒測不準原理，人們就可以希望同時無限準確地測定一個電子的座標和動量的值。這樣就可以一點一點地測定下去，於是就至少在原理上可以「亦步亦趨」地追蹤電子的軌道運動。因此，假如這是可能的，人們就有希望弄清楚所謂波粒二象性的底蘊，也有希望從量子力學的「幾率層」繼續向深處「鑽探」。那麼，總有一天，人們對微觀現象的認識將會大大改觀，而現有形式下的量子力學也將終於變成一種「次級的」理論。很顯然，這就是愛因斯坦總是瞄準海森伯原理來發動進攻的動機所在。

然而堡壘沒有攻破，而 1930 年辯論的結果，也使愛因斯坦認識到他的這一目的至少在當時 是無法 達到的 。於是他開始考慮，能否從更普遍、更原則的方面找找現有形式下的量子力學的

毛病。這大概就是所謂「非完備性」論點的由來。

　　事實上，爭論的雙方從一開始就都明白，他們的分歧不是在某些技術細節上，而是在對因果性或決定論的基本看法上。那麼，假如有人能夠從根本上證明了現有量子理論對微觀世界的描述還不「完備」，他當然就給排除幾率性的意圖爭取了權力。然而，幾年來的努力卻並沒有給這種設想帶來多大希望。

　　1931 年 7 月 9 日，艾倫菲斯特給玻爾寫信說，愛因斯坦有可能在10月間訪問萊頓，因此他建議玻爾屆時也到萊頓去，以便在那裏和愛因斯坦「安安靜靜地」再討論一番〔19, 171〕。他在信中也談到了愛因斯坦關於「光子盒」的另一種用法的新設想。從那種介紹可知，當時愛因斯坦心中已經醞釀了後來所說的 EPR 觀點。

　　艾倫菲斯特的努力沒有得到驚人的效果。後來就出現了三人署名的論文〈能夠認爲物理實在的量子力學描述是完備的嗎？〉，這就是著名的 EPR 論文。文稿於 1935 年 3 月 25 日寄到了美國《物理評論》的編輯部，於同年 5 月15日在該刊發表❺。

　　這篇論文的篇幅，不到原期刊的四頁。全文分成兩部份，文末沒附任何文獻和注釋。文章在開始時說，對於任意一種物理理論，都應考慮兩個問題：(1)理論是否正確？(2)理論所提供的描述是否完備？作者們聲稱他們要討論的是有關量子力學的第二個問題。他們提出的理論完備性的必要條件如下：

　　　物理實在的每一個要素，必須在物理理論中有其對應的概念。

----

❺ *Phys. Rev.,* 47 (1935), pp .777-780。

老實說，這樣的條件是很抽象的，其意義是相當含糊和大有商討的餘地的。

　　這且不談。試問怎樣確定「物理實在的要素」呢？作者們說，這不能訴諸先驗的哲學思考，而應該取決於實驗和測量的結果。這話當然很對，但是他們所提出的「充分判據」卻大有問題。他們說：

> 　　如果我們可以在不以任何方式擾動一個體系的條件下來肯定地（即以等於１的幾率）預言一個物理量的值，那麼就存在物理實在的一個和該物理量相對應的要素。

這個條件的實質正好和玻爾最基本的想法相反，也和測不準原理的基本精神相反。玻爾強調的是，不干擾一個體系，通常說來（可以有例外）就不能對該體系進行觀察和測量，而愛因斯坦他們卻偏要如此；海森伯經過認眞分析而得到的原理，表明並不是任何條件下都可以要求物理量的無限準確的值，而且愛因斯坦在1930 年也已承認這種結論的邏輯合理性，而五年之後卻又變了卦。就以這樣一個條件作爲前提和出發點，愛因斯坦他們得出結論說，由於量子力學中存在不能對易的算符，所以它對物理實在的描述是「不完備的」。這就是文章第一部份的內容，該部份不足兩頁。

　　許多有名的學者都聲稱，EPR 論文的邏輯推理是「完全嚴密的」，然而本書作者卻對此不能無疑。我總覺得，作爲出發點的那個「實在性」條件，似乎在暗地裏預先設定了量子力學思想體系的「不合理性」。在這樣的基礎上找出量子力學的毛病，那

未免太容易了。

文章的第二部份考慮了一個「假想實驗」。按照流行的量子
力學方法來分析這個實驗，得出了和相對論中關於一切信號速度
不能超過光速的那一公設相矛盾的結果。於是作者們就更加相信
現有形式下的量子力學是有毛病的了。關於這一實驗的論述，叫
做 EPR 論點或 EPR 佯謬，這是人們直到今天還在議論紛紛的
一個問題。

原來的文章中關於這一佯謬的表述是比較普遍的。後來有人
把它進行了簡化，把它弄得更加具體和更加好懂了。這種簡化了
的表述大意如下： 設有兩個電子， 在一段時間內發生了相互作
用， 然後就分道揚鑣， 運動到了相距很遠的地方。 當它們發生
相互作用時，按照量子力學應該認為兩個電子構成同一個體系，
並用一個共同的波函數來描述它們。在它們分道揚鑣的運動過程
中， 如果不對體系進行任何的觀測， 則它的波函數將按照薛定
諤方程的規律而發生變化，但無論如何也還將是整個體系的波函
數。現在，當兩個電子已經離得非常遠時，按照相對論的觀點，
碰一下其中一個電子，不可能立刻就影響到另一個電子。但是，
按照量子力學的看法， 任何的觸動都會改變整個體系的波函數；
也就是說，對其中一個電子進行測量，就會立刻改變早已和它沒
有相互作用的另一個電子。 具體地說， 簡單的計算表明， 當兩
個電子已經遠遠分開時，測定其中一個電子的自旋，就將同時決
定了另一個電子的自旋。愛因斯坦等人認為這種結論是荒唐的，
或者說是違反「理性」的。因為，一方面你承認兩個電子早已沒
有「聯繫」（相互作用），另一方面你又說其中一個電子的變化會
被另一個電子立刻「感受到」。 愛因斯坦等人認為， 這樣的「怪

事」反映了量子力學描述的不對頭或「不完備」。他們在文章的結尾處寫道：

> 儘管我們這樣證明了波函數並不提供物理實在的一種完備描述，我們卻並沒有回答是否存在這樣的完備描述的問題。但是我們相信這樣的理論是存在的。

「我們證明了……」，這就是愛因斯坦他們的結論。他們認為自己的結論是不容置疑的。

6. EPR 論文所引起的反響　玻爾的答辯

愛因斯坦的學術聲望和所論問題的性質，當然會使人們對這篇論文刮目相看。事實上，早在 EPR 論文正式問世以前，包括《紐約時報》在內的若干報刊就已經提前報導了消息。論文發表以後，除了在社會上引起了某種淺薄的轟動以外，也立即在物理學家和科學哲學家中間引起了頭緒紛繁的許多議論。例如，有人指出，許多問題都取決於如何聯繫到物理學來理解所謂的「實在」；也有人認為，儘管愛因斯坦一次又一次地對量子力學進行了毫不放鬆的批評，但是量子力學的幾率詮釋畢竟禁受住了這些考驗。另外的人則認為，EPR 論點其實是不可信的，因為，假如量子力學果真是像愛因斯坦他們所設想的那種樣子，它就不僅僅是不完備，而且乾脆是不正確的了，那又怎樣解釋它在問世以後所取得的偉大勝利呢？也有人說，EPR 論文所提出的，只不過是一種措辭方面的問題，而這樣的問題是和物理學家們的工作毫不相

干的。甚至有人認爲，EPR 論點其實是一種「誤解」。

　　當然，贊成或同情 EPR 論點的人也是有的。例如，有人認爲，EPR 論文雖然不能駁倒量子力學中的那些觀點，但它卻有助於澄清那些觀點。也有人覺得，EPR 論文所採用的，是一種更加「唯物」的觀點。另外的人則指出，論文的作者們所追求的，是物理學中那些現象的一種更加直觀的描述方式：他們似乎更喜歡「像畫家們描繪自然風景那樣地」描述自然現象，而不太喜歡用那種「和形象及色彩完全無關的符號」來程序式地表現某些細節云云。

　　薛定諤研究了 EPR 論點，對它進行了詳細的數學表述和推廣，並且更多地提出了一些佯謬。他認爲，這些佯謬都不可能在習見的量子力學構架中得到解決，可見必須對這個構架進行根本的改造。爲此他考慮了把時間變量 t 不看成「c 數」而看成「q 數」(算符)的可能性——這就是他所說的「摘掉老祖母的時鐘」。

　　總之，EPR 論文觸發了非常複雜的思維和議論。稍微詳細地介紹這一切不是我們的篇幅所能允許的。在這裏，我們還是以考察玻爾的反應爲主。

　　玻爾當然會認爲對 EPR 論文作出反應是他當仁不讓的責任。因此，在 EPR 論文問世的一個多月以後，他就在 6 月 29 日給英國刊物《自然》寫了信，初步反駁了 EPR 論文中那種關於「物理實在」的判據。他指出，當應用到量子力學的問題上時，這樣的判據就「包含了一種本質上的含糊性」。另外他也聲稱，他不久就將在《物理評論》發表他的更仔細的考察。他說，這種考察表明，「測量手續會本質地影響一些條件，而所討論的物理量的定義本身則是以這些條件爲依據的。既然這些條件必須被看成

可以無歧義地適用『物理實在』一詞的任何現象的固有要素，上述作者們的結論就顯得是沒有道理的了」。

1935 年 7 月 13 日，《物理評論》收到了玻爾用和 EPR 論文完全相同的標題寫成的論文，此文很快就在該刊 10 月 15 日一期上發表了❻。在這篇文章中，玻爾不但認真答覆了 EPR 論文作者們的挑戰，而且又進一步闡述了他的互補性觀點。

這篇文章的篇幅，共佔原期刊的六頁多一點。除 EPR 論文以外，文中也沒有引用任何別的文獻。文章沒有分什麼章節，只那樣一路從頭說到尾——這似乎更合乎玻爾的風格。現在我們將盡可能按其原貌介紹一下這篇論文的內容。

玻爾的態度是開門見山和針鋒相對的。他首先指出，在他看來，EPR 論點的思想趨向，並不能很好地和我們在原子物理學中所遇到的實際形勢相適應。他表示願意趁此機會更詳細地闡述一下自己的那種很恰當地命名了的「互補性觀點」。接着他就肯定地指出，從互補性觀點看來，「在量子力學自己的範圍之內，例如對於我們在原子過程中所遇到的那些現象來說，它顯得是一種完備的、合理的描述」。這就和愛因斯坦他們的論調恰好相反了。

玻爾同意，關於在多大程度上可以賦予「物理實在」之類的說法以明白無誤的意義，當然不能根據什麼先驗的哲學觀念來推斷，而必須通過直接訴諸實驗的測量來決定。但是他卻認為，EPR 論文中所給出的那種關於物理實在的判據，本身就是站不住腳的，從而文中的論證也就並不能否定量子力學描述的牢靠

❻ *Phys. Rey,.* 48 (1935), pp. 696-702。

性，因爲這種描述正是建立在一套自洽的表述形式上，而那種表述形式已經自動地把 EPR 論證中所涉及的那些測量手續都照顧在內了❼。玻爾指出，EPR 論文所得出的那種表觀上的矛盾，只不過顯示了這樣一個情況：習見的哲學觀點，在合理地說明我們在量子力學中所涉及的那種類型的物理現象方面，是根本不適用的。他一如旣往地宣稱，對象和測量儀器之間的相互作用的不是無限小，已經規定了必須最終放棄因果性的古典理想，也規定了必須徹底修改人們對待「物理實在」問題的態度。因此他就說，像 EPR 論文中所提出的那樣的判據，不論它的樣子顯得多麼思慮周到，當應用到我們所涉及的實際問題時也總是會含有一種本質上的歧義性的。也許應該說，這才是眞正頭腦清楚的和鞭辟入裏的見解！

爲了闡明自己的觀點，玻爾又一次分析了粒子在單縫上的衍射過程（這就是愛因斯坦在 1927 年提出的假想實驗之一），又一次論證了衍射過程所引起的粒子座標和粒子動量之間的測不準關係式：

$$\triangle q \cdot \triangle p \approx h.$$

---

❼ 關於 EPR 論文中「物理實在」的判據問題，在這裏介紹一點個人的經驗也許是有參考價值的。當年筆者處境困難，得書不易，在翻譯了玻爾的三本哲學論文集以後才看到EPR論文（那三本文集基本上沒有涉及 EPR 論點）。當時就感到，儘管愛因斯坦被某些人盲目崇拜到神聖不可侵犯的地步，但是這篇文章中的某些說法卻是十分不能令人信服的，尤其是他那條「實在判據」，簡直有點「無理取鬧」的味道。當時不敢自信，但是也寫了一篇短稿。結果受到一位同輩「朋友」的高聲斥罵，說我「沒有弄懂」等等。又過了兩年，看到了早已存在的玻爾答辯，才知道玻爾在幾十年前就說了我要說的那些話。他是不是也「沒有弄懂」呢？可見指摘別人「狂妄」者，往往自己才眞是狂妄得緊吶！

他指出，動量的不準量△p，顯然是和在縫壁與粒子之間進行動量交換的可能性有着不可分割的聯繫的。那麼問題就是，當描述這種實驗儀器所要研究的那些現象時，人們到底可以在多大程度上照顧到這種動量交換。

　　為了澄清這個問題，玻爾分別討論了兩種實驗情況。第一，設想縫壁是牢牢地固定在儀器的底座上的，就像在通常的單縫實驗中那樣。這時我們是完全不可能分析儀器對粒子的反衝作用的，因為縫壁從粒子獲得的動量將被傳給底座。第二，如果縫壁不是固定的，例如設想它是用彈簧掛在儀器中的，那麼只要適當地利用守恆定律，我們至少在原理上就可以任意準確地測量在粒子通過單縫以前和以後的縫壁動量。但是，這兩種情況是有本質性的區別的。在第二種情況下，那個活動的縫壁已經不能像在第一種情況下那樣起一種測量儀器的作用，而是它本身也已變成了一個研究對象，因為這時已經必須把它本身的座標和動量的不準量也都考慮在內了。這時，即使還能設法在粒子通過單縫以前和以後來測定縫壁的位置，我們也仍然無法知道當粒子**正在**通過單縫時的縫壁位置，因為縫壁在每一次碰撞中都會發生不可控制的位置變動。因此，在第二種情況下，整個的裝置就不適於用來研究和在第一種情況下所要研究的現象相同的現象了。

　　此外還應注意到，在適於用來測定縫壁動量的實驗裝置中（即第二種情況），即使我們在粒子通過單縫以前已經測定了縫壁的動量，對於下一步的作法我們也還是有自由選擇的餘地的。在粒子通過單縫以後，我們可以或是要求知道粒子的動量，或是要求知道粒子相對於儀器其他部份而言的初位置。要知道粒子動量，只要再測一下縫壁的動量就行了，但是這樣就永遠無法知道

縫壁在粒子正通過單縫時的準確位置。要知道粒子的位置，只要在空間座標系中進行測定就行了，但是這樣就會不可避免地失去有關動量交換的知識。

玻爾聲稱，這些論述的主要目的，就是要強調這樣一件事實：在所研究的現象中，人們可以隨意選取「物理實在」的某些要素而放棄其餘的要素，但這並不意味着我們所處理的是一種「不完備的」描述，而只不過意味着我們所處理的是一些本質上不同的實驗裝置和實驗程序的區分：其中有些裝置和程序是和空間定位概念的無歧義應用相適應的，而另一些裝置和程序則是和動量守恆定理的合理應用相適應的。除此以外，任何其他隨意性的出現，都只不過是和我們安排實驗的自由性相聯繫着的而已。接下去，玻爾就再一次闡述了他的互補性觀點。他說：

> 事實上，在適於用來研究真正量子現象的每一種實驗裝置中，我們所涉及的，不僅僅是對某些物理量的無所知，而且是用無歧義的方式來定義這些物理量的不可能。

玻爾隨卽指出，他的這些說法，同樣也適用於 EPR 論文所討論的那個問題。他認為那個問題並不比其他問題更複雜或更特別。他說，三位作者明確地用數學方式表述了的那種二自由粒子的特定量子力學態，至少在原理上可以用一種簡單的實驗裝置來重新得出。那種裝置也就是雙縫器件，也就是上面開有兩條平行狹縫的剛性壁面，而其狹縫的寬度遠小於二縫間的距離。設有初動量為已知的兩個粒子獨立地通過狹縫。如果我們在粒子通過狹縫以前和以後都準確地測定了縫壁的動量，則我們事實上可以知

道飛走的兩個粒子在垂直於狹縫的方向上的分動量之和，也可以知道它們在該方向上的空間座標之差，而另外兩個共軛量（即二粒子的分動量之差及空間座標之和）則是完全不知道的。於是顯然可見，在這樣的實驗裝置中，隨後進行的對其中一個粒子的座標或動量的單獨一次測量，就將在任意要求的精確度下自動地各自決定另一個粒子的座標或動量。這種情況是和 EPR 論文中討論的那個情況完全類似的。

玻爾指出，在這裏，也和在單縫衍射的實驗中一樣，我們的「選擇的自由」也**只包括不同實驗程序的區分，那些實驗程序分別允許一些互補的不同古典概念的無歧義應用**。事實上，所謂測量其中一個粒子的位置，只能有一種意思，那就是指的在粒子的行為和某一儀器之間建立一定的關聯，那件儀器應該是牢牢地固定在底座上的，而底座則是起着定義空間座標系的作用的。在這樣作時，我們承認了不可控制的動量交換，從而也失去了無歧義地應用動量概念來預言第二個粒子的行為的可能性。如果我們選擇的是測定第一個粒子的動量而不是它的座標，分析的方式也沒什麼不同。

因此，玻爾認為，EPR 論文中那條關於物理實在的判據，就在「不以任何方式擾動一個體系」的說法中包含了一種根本意義的模糊性。當然，在 EPR 論文所討論的事例中，根本談不到在最後的測量中對遠處的體系進行**力學的**擾動的問題。但是，即使在這個最後的測量階段，也還在本質上存在着一個對**某些條件的影響的問題，而那些條件恰恰就確定着關於體系未來行為的預言的可能類型**。這樣的條件，在有關可以和「物理實在」一詞聯繫起來的任何現象的描述中都是一些不可缺少的要素，因此就可

以明白，EPR 論證並不能支持有關「不完備性」的結論。玻爾
卻相反地認為，事物之間的互補性，恰恰就實際地保證了量子力
學描述的**完備性**和**合理性**。

　　講到這裏，玻爾其實已經完成了他的應戰任務。他已經申明
並捍衛了自己的觀點（和 EPR 觀點正好相反的觀點），而且也
按照他自己所一貫抱有的想法，言之成理地解答了 EPR 佯謬。
然而他意猶未盡，還認為講得不夠徹底或不夠到家。於是他又用
了一頁半的篇幅來繼續發揮了自己的主張。

　　他指出，在前面的討論中，時間概念的用法是包括了某種不
確切性的，而正是這種近似的用法，才保證了前面的論述的簡單
明瞭。事實上，一旦想要對量子現象進行更精確的時間上的描
述，我們就會遇到另外一些衆所周知的佯謬問題，而要解答那些
問題，就必須照顧到對象和測量儀器之相互作用的更多特點。事
實就是，在這樣的研究中，人們所用的實驗裝置必將包括一些用
起着時鐘作用的機件來控制的可以發生相對運動的部件，例如可
以啓閉的快門之類。這時，不但要照顧到對象和定義空間參照
系的物體之間的動量交換，而且也要照顧到對象和定時機件之間
的能量交換。這樣就會把人們引到能量和時間之間的測不準關係
式，不過其分析方法卻和前面並無多大差別。

　　總而言之，在每一套實驗裝置中，必須細心地區分所面對着
的那個物理體系的不同部份，即作為研究對象的那個部份和必須
被看成觀測儀器的那個部份。按照玻爾的看法，這樣一種區分的
必要與否，「可以說就形成物理現象的古典描述和量子力學描述
之間的主要差異」。固然，在這兩種描述中，在每一次測量手續
中到底把分界線畫在什麼地方，都只是一個方便與否的問題。但

是，分界線畫法的不同，在古典描述中不會造成什麼後果，而在量子力學描述中卻會在現象的描述特點方面造成重大的差異。按照玻爾的看法，量子力學描述之所以有這樣的特殊性，是由於在詮釋任何名符其實的測量結果時都不可避免地要用到各式各樣的古典概念，而只用古典概念卻又不足以說明新型的量子物理學規律❽。玻爾指出，在給定的實驗裝置和測量手續中，我們所能自由選擇的只是在一個「範圍」內把分界線畫在什麼地方而已。這裏所說的是那樣一個範圍：在該範圍內，所討論過程的量子力學描述應該可以看成和它的古典描述相等價。

最後，玻爾又闡述了他的一個很得意的觀點，那就是「從廣義相對論得來的偉大敎益和量子理論領域中物理實在問題的關係」。他認爲，廣義相對論和量子理論都是古典理論的某種推廣；不論這兩種推廣在具體特徵上是多麼地不同，它們彼此之間也還是有一些很引人注目的相似性的。他指出，測量儀器在量子現象的描述中所佔據的獨特地位，和相對論中一種衆所周知的必要性密切類似；這就是指的在相對論中堅持對一切測量過程進行「普通的」描述的那種必要性，而所謂「普通的」描述也包括空間座標和時間座標的嚴格區分，儘管相對論的精髓就在於一些新型物理規律的確立，而在理解這些規律時是必須拋開空間概念和時間概念的習慣區分的。在相對論中，一切尺子和時鐘的讀數都依賴於所用的空間─時間參照系；在量子理論中，觀測對象和用來定義空間─時間參照系的一切物件之間的動量交換及能量交換都在本質上不可控制。玻爾認爲，這二者也是可以對照起來的。

---

❽　在這裏，玻爾等於預先答覆了外才克爾的嘲諷(參閱本書 p. 108)。

按照他的看法，正是上述這種動量交換和能量交換的本質不可控制性，就使我們在量子理論中遇到了那種必須利用互補概念性這一概念來加以概括的特殊形勢。他指出，正是這種自然哲學的新特點，就蘊涵了我們在對待「物理實在」的態度方面的一種重大的改變，這種改變也恰好可以和廣義相對論在人們有關物理現象之「絕對性」的全部想法方面所引起的根本改變相對應。

平心而論，玻爾的答辯是精到的和圓通的。但是，由於太多的人們對愛因斯坦抱有太強的（不理智的）「英雄崇拜」，由於大多數的人們還遠遠沒能充份理解玻爾哲學的微妙性和精深性，也由於 EPR 佯謬（二電子的自旋問題）顯得是那樣地「直觀」而又那樣地違反「常識」，玻爾的這次答辯也就沒有像從前幾次答辯那樣受到人們的熱烈歡呼，而愛因斯坦也沒有像前幾次那樣公開承認失敗。於是他們之間的論戰陷入了僵局，後來一直沒有什麼「起色」。

7.　所謂「隱變量理論」

在關於 EPR 問題的辯論以後，　愛因斯坦 — 玻爾論戰就進入了沈靜狀態。1948-49 年玻爾〈商榷〉一文的撰寫和愛因斯坦〈答覆〉的提出，都重複闡述了各自原有的觀點和「信念」，而沒有什麼新的驚人之論。但是，由於許多別人的加入，整個的量子力學大辯論卻是出現過幾次重要的新形勢的。本書的主題和篇幅不允許我們稍許全面地評介那些發展，因此我們將滿足於很簡略地介紹一下「隱變量理論」的問題。

按照哥本哈根觀點，現有形式下的量子力學在它所能處理的

現象領域中已經是最基本層次的理論了。但是另一些人卻不這樣想。事實上，一直有人試圖從量子力學的層次再向深處「鑽探」下去，以找出一種更加「基本」的理論。按照他們的美好願望，這種理論應該是量子力學的「底層」，它應該能夠作為「上層建築」而給出現在這種幾率式的量子力學規律，而它本身則應該反映嚴格因果式的規律。當然，假如能夠鑽探出這樣美好的礦藏，那是連玻爾也會額手稱慶的。反之，如果事實上不存在這樣的礦藏，那就不論下多大功夫也鑽探不出來。

在這些探礦者們中，有人希望在現有的理論中增加幾個變量（代表一些前所未有的概念）來把它「改造」成所要找的理論。這種新增的變量，至少在目前的科學認識條件下是無法直接觀測的，但是它（或它們）卻能重建那寶貝也似的因果性。這就是所謂「隱變量理論」（亦稱「隱參量理論」）的基本想法。

從所追求的目的（因果性）來看，隱變量理論是和愛因斯坦的思想一致的。然而，許多人把愛因斯坦描述成這種理論的熱心支持者，那卻又是一種「想當然」的臆測。事實上，愛因斯坦所設想的因果性理論，要比隱變量理論更加根本（和量子力學差別更大），他曾經批評某種隱變量理論「太廉價了」。倒是後來成為哥本哈根觀點的擁護者的玻恩，卻曾經在提出波函數統計詮釋（1926年）的同時討論過隱變量理論的想法。

然而，到了三十年代初期，數學家封·諾依曼（J. von Neumann, 1903-1957）在幾條基本公設的基礎上證明了隱變量理論的「不可能性」。這對主張隱變量理論的人們當然是一大打擊，而且也受到了主張哥本哈根觀點的人們的熱情讚賞。但是，後來人們發現，諾依曼那幾條作為出發點的基本公設並不是沒有問

題的；事實上，他的「不可能性定理」只能證明**某些類型**的隱變量理論不能成立，而不是說**任何類型**的隱變量理論都不能成立。

當然，如果有人具體地設計出一種哪怕是很牽強的隱變量理論，那也肯定是會鼓舞某些人的鬥志的。玻姆（David Bohm, 1917-　　）的工作就是這樣。他在五十年代初期引入了一種適當設計的勢函數，即所謂量子力學勢。與此有關，他也引入了粒子的某種「座標」；這種座標被認爲在當時所知的實驗條件下是無法觀測的，從而這也就是理論中的「隱變量」。玻姆對波函數的形式進行了推廣，推廣後的波函數仍然滿足薛定諤方程，因此他就認爲這種理論的計算結果應和習見量子力學的計算結果「基本上」一致。玻姆一直堅持了這方面的工作，發展了一大套基本觀念和計算方法。但是，也許可以說，他的許多想法顯得十分勉強而難以接受，遠遠不像玻爾的互補性觀點那樣的靈活圓通。

玻姆的理論起初沒有引起多少人的注意，後來漸漸有人覺得它也有一定的優點。於是持有不同意見的人們又開展了一些討論，同時也有人對諾依曼的「不可能性定理」重新進行了各種的檢查和修改，而且一直有人對該定理的總趨勢不太確信。

然後就到了六十年代，這時出現了著名的「貝耳不等式」問題。貝耳（John S. Bell, 1928-1990）起初對諾依曼的工作很感興趣。作爲這方面工作的一種檢驗，他自己動手構造了一種關於自旋爲½的粒子的隱變量理論。他的理論在邏輯上是自洽的。但是，如果諾依曼的想法有道理，這樣一種理論又怎麼會是可能的呢？於是他對照着自己的理論重新核對了諾依曼的證明和別人修訂後的證明。結果他就發現，在通常的量子理論和任意一種「定域化的」隱變量理論之間，永遠會有定量的差別。也就是說，任

何一種「定域化的」隱變量理論，都不可能在一切測量中和普通量子力學給出完全相同的期許值；　換句話說，　總有那麼一些事例，兩種理論對它們提供的期許值是不相同的。既然普通量子力學的結果得到了實驗的普遍證實，貝耳的發現也無異是對隱變量理論的一大打擊。因此有人說，貝耳關於「期許值」的研究，打破了所有的可能「期許」。

當然也可以懷疑貝耳理論的正確性。於是就有人回過頭去檢查貝耳的推理，看其中是否有什麼毛病，結果果然發現了某種不夠普遍之處。於是別的研究者們又去設法推廣貝耳的原始理論，如此等等，目前理論還在發展中。

另一方面，　從七十年代開始，　有人嘗試在實驗方面進行工作。貝耳的理論指出了期許值的不同，這是可以用實驗來進行檢驗的。　這也正是貝耳理論的與衆不同的可貴之處。　但是可以設想，這樣的實驗不可能是多麼簡單和多麼容易的。這就帶來了另一種危險性。所涉及的問題是那樣地深奧而微妙，理論家們尚且常常誤入歧途，實驗家們更不見得人人都能洞悉其幽隱；同時，所用的儀器一般又都很複雜和現代化，　一不小心，　就很有可能完全不自覺地在某些地方引入某種障礙性的或干擾性的因素。因此，在沒有像玻爾那樣的人物在旁邊協助分析的情況下，這種用實驗來「驗證」的方法也未必就像那種不懂裝懂的「研究者」所認爲的那麼可靠。迄今爲止，據說已用十幾種不同的方法進行過這種檢驗。實驗的「精確度」是夠高的，應該能夠發現實際情況對習見量子力學結論的偏離，但是據說迄今一直沒有得到肯定的證據，說明那種偏離確實存在。

如果偏離並不存在，現在這種形式的量子力學當然就更加可

信了。那樣的話，在 EPR 論文所描述的條件下，一碰某個電子，非常遙遠處的另一個電子就立刻隨之而變。如果這樣的「影響」也能看成一種「信號」的話，它就是一種無限迅速的信號。這正是使愛因斯坦如此深感不安的地方。然而如果這是事實呢？那當然也沒有辦法，只好「和它一起生活下去」。難怪有些軍事單位也注意起這種現象的可能應用來了。你說那些人是「莫名其妙」嗎？那倒也不敢準說。當年原子核物理學剛剛發展時，創立這門學科的盧瑟福不是曾經認爲核能的實際利用是不可能的嗎？誰曾想到後來竟出現了原子彈！

第七章

互補性觀點的精化和擴充

補苴罅漏，

張皇幽眇，

尋墜緒之茫茫，

獨旁搜而遠紹。

——韓退之，＜進學解＞

1. 精化和擴充的必要性

如所周知，玻爾在「科莫演講」中第一次正式提出了他的關於「互補性」或「互補關係」的觀點。他主要是針對有關量子物理學形勢的討論來作了這件事的。當時有些問題的論述，後來被認為還不是那麼準確或恰如其分。玻爾當然不能容忍這種欠缺。特別是，緊接着就發生了愛因斯坦和玻爾之間的公開論戰。這種緊張而高超的論戰大大磨礪了玻爾的心智，使他特別深切地感受到了大步發展自己的觀點的緊迫性。後來他在各種場合下再三感謝了愛因斯坦的詰難對他的鞭策作用。事實上，在他隨後的幾十年生命中，玻爾在這方面付出了巨大的精力，進行了重要的工作。

　　玻爾的第一本哲學論文集，在 1934 年出了英文本，後來在
1961 年重印。他在 1961 年 1 月間爲重印本寫的短序中說道❶：

> 如所周知，量子物理學的各個認識論方面的討論，在後來
> 的歲月中是繼續進行了的。在這種討論的過程中，〔本書
> 所收〕各文所倡導的態度得到了進一步的發展，特別是引
> 用了一種更妥當的術語，來表示了對通常的形象化描述和
> 物理解釋的習見要求的那種激烈的背離。

這就是說，在後來的論著中，玻爾在思想的表述方式和表述分寸
方面進行了許多的調整。這種細心的修改是不明顯的，只有系統
地、認眞地閱讀和校勘他的著作並反覆體會其眞義，才能逐漸意
識到，而意識到這種細小的、逐步的變遷，正是理解玻爾思想的
入門功夫之一。在這方面，天才人物泡利曾有所論述。要知道，
那種一知半解、望文生義、胡亂發揮的魯莽方式，是最不適用於
玻爾思想的研究的——就是說，那種可笑的方式不適用於任何鄭
重的研究，而尤其十分不適用於玻爾思想的研究。
　　前面講過，玻爾的「科莫演講」，當時既沒有在聽衆中引
起轟動，也沒有提供量子理論的任何可以在實驗上加以驗證的推
論。當時的原子物理學家們還處於一種很不稱心的心理狀態中，

---

❶ 1987 年，美國 Ox Bow Press 重印了玻爾的三本論文集（卽
本書的文獻〔2〕、〔3〕、〔4〕），總稱《尼耳斯・玻爾的哲學著
作》，三卷封面分別印成紅色、綠色和藍色，卽印成「氫光譜巴
耳末線系中三條譜線 Hα、Hβ 和 Hγ 的顏色」，目的是「提醒
讀者想起玻爾敎授最有名的工作」。此處的引文見該書第一卷開
頭處。

他們還指望有一天能夠用某種更簡明、更具體的方式來解決所謂的「量子神秘性」或「量子不合理性」。但是，「科莫演講」還是開始使人們明白了一點，那就是，玻爾認爲，「量子革命」的進展已經在某種意義上「完成」了，不必再盼望量子理論會有那種在古典意義上把什麼東西都弄得服服貼貼的光明前景了。這種觀點，在起初曾使玻爾的許多同道感到驚訝和困惑，而另外一些人則由於根本還沒有覺察到它的深意而無動於衷。

玻爾本來就打算，先在「科莫演講」中對自己的觀點作出一種提綱式的介紹，然後再一步步地發展它，充實它。這樣就必須調整某些關係，修改某些措辭，補充某些細節，並盡可能地推廣它的適用範圍。

表述方式的改進，是隨着觀點的精化而一直進行的。通過對愛因斯坦等人的應戰，玻爾關於量子力學中的互補性的觀點及其論證變得越來越精審，也越來越自信了。在二十年代後期，大多數的物理學家還在忙着把量子理論的方法應用到越來越多的具體問題上去。那時人們有俯拾卽是的新問題要研究。正如狄喇克很風趣地回憶的那樣❷：

> 在那些日子裏，任何一個第二流的物理學家作第一流的工作都是很容易的，而從那以後就再也沒有出現那麼令人高興的時期了，現在第一流的物理學家作第二流的工作都很困難了。

當玻爾開始正式提出他的互補性觀點時，那個「令人高興的

---

❷　見第三章注❸所引書，p. 6，譯文略加改正。

時期」還沒有結束。接着人們又忙於研究電磁輻射和原子核，然後又忙着研究核能的釋放並對付威脅了全人類的希特勒一夥。第二次世界大戰以後，物理學從少數人的學術研究變成了考驗整個國力的大企業，許多物理學家也在不同程度上從自由職業者變成了大企業的僱員。這就使他們的思想更加傾向於眼前的「實際」，而他們的生活也變得更加緊張和忙碌起來。在這許多的影響之下，玻爾哲學觀點在廣大物理學家中間所處的地位就不是那麼盡如人意了。多數物理學家當然都聽說過愛因斯坦和玻爾之間的爭論，但是人們對所爭論的具體內容以及有關問題的深刻意義，卻不一定有比較明白的理解——他們覺得「事不關己」，滿足於人云亦云和道聽途說。當然，幾乎所有的正式理論物理學家都是公開或暗暗承認量子力學的哥本哈根詮釋的，但是他們的承認也往往只停留在「能用就行」的水平上，而很少有人去細心追索和妙造精微。幾十年來，這種情況其實沒有什麼改善，甚至還有某種退步的迹象。

　　至於說到適用範圍的推廣，玻爾的思想進展卻是比較明顯的。早在 1929 年，他就作出了努力，來把所謂量子力學的認識論教益推廣到其他領域中去。在後來的年月中，他在許多不同專業的學術集會上發表了演講，向與會者們指出了他們本專業領域中的「互補性」。他的議論所及，包括生物學、心理學和人類學，等等。他的態度是完全嚴肅的。他完全確信，「互補性」概念可以正確地應用到那些領域，而不是僅僅在那裏有某種平行的類例。他的論述表現出一定的重複外貌，這也許是因為他特別熱衷於說服別人，使他們真正意識到「互補性」思想在別的知識領域中也像在量子物理學領域中一樣能夠啓發人們的心智。

2.　對普朗克的祝賀

1929 年 6 月 28 日，德國刊物《自然科學》出版了一期慶賀普朗克獲得博士學位五十週年的專號，玻爾應邀寫了題爲「作用量子和自然的描述」的文章。這代表了他按照認識論的標準來在更廣濶的範圍內追索所謂「量子理論的普遍敎益」的第一次努力。文章所討論的，主要是在作爲有意識生物的人類自己的一種哲學分析和心理學分析中表現出來的那些互補的側面。在這篇文章中，玻爾把「互補性」一詞改成了「交互性」（reciprocity），但是他後來在別的文章中卻又恢復了「互補性」的使用。另外，考慮到篇幅的限制，他在這篇文章中不得不「把全部的物理學都予以割愛而僅僅保留純粹的哲學」。他寫信向泡利介紹了這種情況，而泡利在覆信中盛讚了這篇文章，認爲「這恰恰是因爲全部的物理學都被略去了，這一次是某種新的、獨創的和激動人心的東西了」❸。

文章發表以後，普朗克給玻爾寫信表示了感謝，但是他很愼重地對文章的內容沒作任何評論。他只是說，玻爾所寫的文章，向來是經過深思熟慮的；對這樣的文章，不經過反覆的鑽研是無法作出恰當的評論的〔1，6，201-217〕。

這是一篇比較短的文章。不過，正因爲它比較短，省去了物理的論證和分析，它就顯得更加重點突出，更加帶有綱領的意味——連輕易不肯稱讚別人的泡利都對它「十分滿意」。

---

❸ 有關的通信見〔1，6，441-448〕。

　　既然是要向普朗克表示祝賀，題目中又有「作用量子」一詞，玻爾當然就會從這個問題開始談起。他指出，普朗克作用量子的發現，在短短的二三十年內使人們關於原子現象的知識得到了驚人的擴充，這在科學史上是相當罕見的。不僅如此，這一發現也全盤地修正了人們在描述自然現象時所依據的那種基礎。這樣，玻爾的議論就走上了正題。

　　在關於這篇文章的介紹中，我們將仍然使用「互補性」一詞，而不使用曇花一現的「交互性」一詞。玻爾指出，從普朗克的量子概念出發，人們在觀點上和概念上經歷了持續的發展，而在「符號性量子力學的表述」中達到了暫時的高潮。不過，在取得這種長足的進步時並不是沒有付出代價，因為人們發現，在原子現象的描述中，必須放棄那種作為古典物理學之特徵的「因果性空間—時間描述模式」。

　　玻爾說，早先〔馬赫等人〕那種對原子實在性的懷疑是太過分了，但是，作用量子的不可分性，卻確實在一定程度上限制了在原子領域中使用那些和感官印象相適應的知覺形式。由於在原子現象的觀察中不能忽略觀察對象和觀察儀器之間的相互作用，有關的理論也就只能給出統計性的結果了。

　　隨後他就談到了光和物質的波粒二象性，指出了「不同的概念圖景是必要的」。他認為，普朗克的量子概念，本身就是古典的作用量原理的直接修正。他指出，古典的作用量原理，已經有點像是「空間—時間描述和能量及動量的守恆定律之間的那種奇特的互補〔原作『交互』〕關係的表徵」，而這種互補關係在量子力學的表述形式中更是「以一種內容最豐富的方式被運用了的」。接着他就論述了海森伯測不準原理。他說：「為了強調我

們在這裏涉及的並不是眞正的矛盾，作者……提出了『互補性』〔原作『交互性』〕一詞。」

　　到此爲止，除了用詞上的變動以外，文章的內容並沒有超出「科莫演講」的範圍。在後來的許多論著中，玻爾也採用了類似的辦法。他總是先介紹一下量子力學中的互補局勢，然後漸漸把話題引到別的領域中去。因此，當我們系統地閱讀這些論著時，起初便會有一種「千篇一律」的感覺。只有像普朗克所要求的那樣進行細心的體會和對比，才會發現那些表面上似乎是「重複」的地方，原來在表達方式和語氣分寸上都有一些頗爲隱微的不同。

　　在現在討論的這篇文章中，玻爾談到了「我們的知覺形式的失敗」和「人類創造概念的普遍界限」，他認爲這二者之間是有着密切的聯繫的。他說，知覺形式的失敗是以嚴格區分現象與觀察手段的不可能性爲其基礎的，而創造概念的界限則起源於「我們對主體和客體的區分」。於是他接着寫道：

　　　　確實，出現在這裏的認識論問題和心理學問題，也許是超
　　　　出於正式物理學的範圍之外的。不過，在這一特殊的場合
　　　　下，我却但願能够稍微深入地談談這些想法。

　　接着他就談論了「精神活動」的描述。他認爲，在這樣的描述中，主體和客體總是無法截然分開的。這就使得每一個概念或單詞都只具有「相對的意義」，也就是說它的意義永遠取決於我們任意選定的那個着眼點。關於這個問題，玻爾在後來的文章中也討論得很多，其詳情我們在下文中還要談到。

　　同時，主體—客體分界線的可變動性，也帶來了另外一種可能，那就是，同一客體的完備描述，可能要求那樣一些觀點，它們是有分歧的，和排除着任何自洽的、唯一的描述的。這樣一些觀點彼此之間的關係，就是玻爾所說的互補關係。

　　玻爾也聯繫到相對論的興起來討論了心理和感覺的問題。他也舉了在黑暗的房間中，用手杖來探查環境的事例。當手杖被鬆鬆地握着時，人的觸覺器官就覺得它是一個「客體」；而當手杖被緊緊地握住時，人們就不再覺得它是一個「身外之物」，而觸覺印象也就會移到手杖和外部物體的接觸點上去了。人們在心理學中曾經設想，詳盡無遺地研究腦中的過程，將揭示出一個細緻入微的因果鏈，而這樣一個因果鏈就將是人類精神經驗之唯一的表示。但是玻爾指出，作用量子的發現，卻給這種理想帶來了新的照明。因為原子過程之細緻的因果追蹤是不可能的，所以我們就必須對接受一個事實有所準備；那事實就是，觀察腦過程的一次嘗試，將給對意識活動的認知帶來本質的變化，就像獲得有關原子過程之詳細知識的任何嘗試都將對過程的進行發生一種在本質上是不可控制的干擾那樣。

　　最後玻爾表示，他作為物理學家而卻討論了物理學領域以外的東西，這是因為他對那些已向整個科學領域敞開的前景很感熱心，而且也是因為他希望指出新的知識已經多麼深刻地動搖了一種概念結構下面的基礎，而建築在這種基礎上面的，不僅有物理學的古典描述，而且也有我們的普通的思維模式。正是本着這種願望，他才用這種超越物理學的方式來「向量子理論的創始人表示了祝賀」。

3.　斯堪的納維亞科學家會議及其他

1929 年 8 月 20-31 日，在哥本哈根召開了斯堪的納維亞科學家會議，玻爾應邀在會上發表了題爲「原子理論和自然描述所依據的基本原理」的演講❹。這篇演講也討論了很帶普遍性的問題。

演講一開始，玻爾仍然回顧了一二十年以來原子物理學和原子核物理學的發展，特別是提到了原子核放射性蛻變的描述中的「因果描述方式的奇特失敗」❺。他指出，古典力學無法解釋原子線光譜的存在，表明古典力學中缺少某一要素，而普朗克的作用量子正好就提供了這個要素。作用量子的不可分割性，反映了原子現象的描述中的「一個本質的不連續性的要素」，從而給自然現象的描述帶來了前所未知的特色。說了這些，玻爾就回顧了從對應原理到新量子力學的發展，分析了波粒二象性的意義，並論述了空間─時間標示和嚴格因果描述之間的那種互斥而又互補的關係。玻爾在這裏指出，測量粒子的空間座標和時間座標，必須使用剛性的尺子和準確的時鐘來作爲固定的參照系，而由於它們是固定的，粒子和它們之間的動量交換及能量交換就在事先已經被認爲是不可知的，這就排除了因果描述的可能性。其實這是關於觀察對象和觀察手段之間的「不可控制的相互作用」的另一種說法。這種更加好懂一些的說法在後來的論著中也多次出現。聯繫着這個問題，玻爾又分析了微觀領域中「觀察概念」的新特

---

❹　演講辭的兩種文本見〔1, 6, 219-253〕。

❺　參閱本書第四章第 3 節。

點，以及人們在原子現象的描述中必須在直觀形象化和在因果性
方面作出的讓步。他再次舉出了相對論的發展，來作爲科學在使
人們「從對直觀性的要求中解放出來方面所起的巨大作用」的例
子。他說：「相對論使我們想起一切現象的主觀品格，卽本質地
依賴於觀察者之運動狀態的一種品格。」他認爲，量子理論所揭
示出來的原子現象本身和它的觀察之間的那種聯繫，也迫使人們
在使用表達手段方面必須保持相當的愼重態度。在這裏，他口氣
一轉，轉向了心理學。他說，在心理學中，人們也必須保持類似
的愼重態度，因爲人們在那裏會在客觀內容的確定方面不斷地遇
到困難。他說：

> 正如意志自由是我們精神生活的一種經驗範疇一樣，因果
> 性可以看成一種知覺模式，利用這種模式，我們在自己的
> 感官印象中整理出秩序來。然而，與此同時，我們在這兩
> 種事例中都涉及了一些理想化；這些理想化的自然界限是
> 有待研究的，而且它們在一種意義上是互相關聯的，也就
> 是說，意願的感覺和因果的要求在主體和客體之間的關係
> 中是一些同等不可缺少的要素，而那一關係就構成知識問
> 題的中心。

在演講的末尾，玻爾討論了有關原子現象的知識的發展「可
以在關於有生機體的問題上投射什麼樣的光照」。他認爲，已經
可以隱隱約約地看到有生機體的問題和量子理論的想法之間的某
種聯繫了。少數幾個光子就能引起視覺，這說明有生機體的精緻
性已經發展到自然規律所允許的最高程度。於是他就在物理學規

律和生物學規律的關係方面發表了一些看法。他指出，「生與死的區別這一問題本身，是不能按照各單詞〔即『生』和『死』這兩個詞〕的普通意義來加以理解的。」

最後他指出：

> 物理學中的新形勢已經如此有力地使我們想起了一條老真理：在存在的大劇中，我們既是觀衆又是演員。

玻爾很欣賞這條「老真理」，他在後來的論著中也曾不止一次地提到過它。

玻爾自稱，他在上述這篇演講中「更仔細一些地討論了因果性問題」。和祝賀普朗克的文章相比，這篇演講較長，包含的物理論述也較多，而且增加了關於生理學的議論。另外，根據現有的史料可知，玻爾在1929年11月28日還對哥本哈根的一個「哲學及心理學會」發表過一篇演講，可惜講稿已經散失，不然的話我們也許能從那裏找到一些有參考研究價值的內容。

哥本哈根大學的校慶是在十一月間。每年校慶，學校都出版一本年鑑。1929 年是該校的 450 週年，玻爾早先曾答應爲年鑑寫一篇文章，來論述他所研究的那一學科的新進展。但是因爲太忙，文章沒有寫成，於是他只好用幾篇早先的論文來代替。當時選了三篇文章，即 1925 年的〈原子理論和力學〉，1927 年的「科莫演講」，和 1929 年的祝賀普朗克的文章。文集的總標題是「原子理論和自然的描述」，玻爾在爲此而寫的〈引言〉中對這幾篇文章進行了逐篇的介紹。後來文集出了德文版和英文版，並增加了在斯堪的納維亞科學家會議上的演講，而玻爾也在〈引

言〉中增加了介紹這篇演講的〈後記〉。在這些介紹中，玻爾又一次闡述了自己的觀點。

4. 法拉第紀念演講

1930 年，玻爾在更多的場合下發表了更多的演講，其中大多數都和互補性觀點的闡述有關。這裏值得特別提到的是那年 5 月 8 日向倫敦的化學會發表的「法拉第紀念演講」，其題目是「化學和原子構造的量子理論」。這篇演講有一些很可注意的特點。第一，在同一年內發表的所有演講中，這是最長的一篇。第二，人們在許多地方提到過這篇演講，但是就我們所知，迄今還沒人系統地評介過它的內容；在我們中國，似乎人們甚至不太知道這篇演講的存在，更沒有人評介過它或引用過它，而且我們也一直沒有這篇演講的中譯本。第三，玻爾在這篇演講中回顧了古往今來的化學和物理學的歷史發展；他不是流水帳式地羅列史實（那樣的羅列最爲低能和乏味），而是隨時指出事情的本質和眞義，對於治科學史的人們來說，這些話幾乎每一句都是振聾啓瞶的和發人深思的。第四，玻爾在演講中流露了對於不可逆性問題的看法，這是他平生少有的一次流露；我們知道，玻爾一直對統計力學很感興趣，而對力學描述和熱力學描述之間的關係也進行過許多的思考，因此，他對不可逆性問題的看法肯定是很值得重視的。第五，與此有關，他也提到了個體分子的概念和溫度的概念之間的互補關係，這種提法也是在別的論著中很不多見的。另外，也應提到，當玻爾在倫敦發表這篇演講時，中子還沒有被發現，從而當談到原子核時，玻爾用的還是一種錯誤的假設，卽認

爲原子核是由質子和電子構成的那種觀念。因此，演講中關於這種問題的論述，在今天看來當然只有歷史意義了。

當接受 AHQP 的探訪時，海森伯曾經引用過玻爾的一段話❻：

> 我一旦知道了溫度，能量概念就毫無意義了。我認爲這正
> 是一個正則系綜的例子之一，它意味着我不能知道能量。
> 於是，或者我可以知道能量，或者我可以知道溫度，但是
> 我永遠不能既知道能量又知道溫度。

這裏所說的「能量」，大概是指個體分子的能量。海森伯說：「玻爾把溫度和能量之間的互補性強調到了極度。」在這裏必須提到，在統計力學方面，玻爾特別讚賞吉布斯（J. W. Gibbs, 1839-1903）的工作，而他的親密助手羅森菲耳德則更加喜歡玻耳茲曼（Ludwig Boltzmann, 1844-1906）的理論，而且據說當時格廷根和慕尼黑的物理學家們也更加喜歡玻耳茲曼的理論。有趣的是，羅森菲耳德宣稱自己是一個「辯證唯物論者」，他指摘吉布斯的理論是「唯心的」。

在他的「法拉第紀念演講」中，玻爾討論了幾率概念在古典理論和量子理論中的不同含意。他接着說：

> 一個典型的例子可以由熱的統計理論來給出；按照這種理
> 論，溫度概念本身就是和所考慮物體中原子行爲的細緻描
> 述處於一種互斥的關係中的。

---

❻ 1963 年 7 月 12 日，AHQP 對海森伯的（第 12 次，卽最後一次）探訪紀錄。此處轉引自〔1, 6, 325-326〕。

再接下去，他就本着這種想法討論了熱力學不可逆性的概念。在這裏，所謂「互斥的關係」顯然也就是「互補的關係」。這樣，通過溫度這一概念，「互補性」就傳播到了熱力學的領域，也就是傳播到了宏觀領域之中。

附帶提到，當玻爾的原子結構理論帶着不可方物的聲勢迅速發展起來時，在科學家們中間曾經流傳過一種亦莊亦諧的議論：是化學被物理學吞併了呢？還是物理學本身已經變成了化學？那麼，到了 1930 年，當親自看到自己所開創的領域已經通過量子力學的誕生而得到如此輝煌的發揚光大時，能夠在許多**化學家們**面前回顧過去和瞻望未來，這也應該是使玻爾倍感欣慰的一件事（情）吧！在後來的某些演講中，「科學的統一性」成了他很感興趣的一個話題。這一點，在他的「法拉第紀念演講」中也未必沒有一定的思想先兆呢！

5.　生物學中的互補性

作為生理學教授的兒子，玻爾自幼習聞父輩的議論，因此他對生命科學的問題一直是很感興趣的。物理學本行的問題促進了他的互補性觀點的發育成長。一旦成熟，他很自然地就會試圖把這種觀點應用到生物學的問題上去。前面說過，他在 1929 年的演講中已經提到心理學和生物學的問題。但那還只是簡略的涉及，而不是全力的分析。後來，在另外的論著中，玻爾卻有幾次把生命科學中的認識論局勢取作了分析的主題。

1932 年 8 月，在哥本哈根召開了國際光療學會議❼，玻爾應邀在會議的開幕式上發表了題爲「光和生命」的演講〔3, 3-12〕。這個論題是如此使玻爾深感興味，以致他在三十年後又於 1962 年 6 月間在德國的科隆遺傳學研究所的成立大會上發表了題爲「再論光和生命」的演講〔4, 23-29〕。說也湊巧，當時那個研究所的所長是戴耳布呂克（Max L. H. Delbrück, 1906-1981 ）。他本來是學物理的，三十年前在玻爾的研究所中工作。當玻爾在光療學會議上發表那篇題爲「光和生命」的演講時，戴耳布呂克剛從外地回到哥本哈根，羅森菲耳德把他從火車站直接送進了會場，演講深深地打動了他們。後來戴耳布呂克讀了演講稿，便決心放棄物理學而改治生物學。他成了一位傑出的遺傳學家和分子生物學家，後來並獲得了1969年度的諾貝爾醫學和生物學獎。

在〈光和生命〉中，玻爾從一開始就提出了「生命」的問題。他指出，這個問題在科學的每一個發展階段都出現過。他說：

> 科學解釋的本義，就在於把比較複雜的現象分析成比較簡單的現象。在目前，使得老問題又獲得了新興趣的，是對自然現象進行力學描述的根本局限性。

就這樣，他把話題引向了量子理論的發展和它所帶來的新認識。他說：

---

❼ 光療學是丹麥科學家芬森（Niels Rydberg Finsen, 1860-1904）創立的。他因爲這方面的成就而獲得了 1903 年度的諾貝爾醫學和生理學獎。在 Ｎ Ｂ Ｉ （和 Panum 研究所）所在的「漂布塘路」的路口上，有一座高大的芬森紀念碑（而卻沒有玻爾紀念碑）。

光，這或許一切物理現象中最不複雜的一種；生命，它却
表現出一種科學分析所難以措手的錯綜性。

他評介了從光的波動描述到它的量子描述的進展，闡述了這
兩種描述的不能並立。他提到了對應原理，以及在這一原理的指
引下的新量子力學的興起。他敍述這些，主要是爲了向人們展示
那種存在於自然現象的描述中的互補關係。他的論述在主流上和
以前的論述並無不同，但是他的論述方式（詳略程度、敍述次序
等等）却每一次都不相同。

在講了這些話以後，他就轉向了生命問題。他說：

> 初看起來，原子力學的本質上的統計性，甚至是和出奇精
> 緻的生物器官相矛盾的。然而，我們必須記得，正是這
> 種互補性的描述方式，就爲原子過程中的規律性留下了餘
> 地；這種規律性是力學中所沒有的，但在我們說明生命機
> 體的行爲和無機物質的特性時却是同等重要的。

這似乎是說，原子現象的簡單性和生物現象的複雜性之間，也有
一種互補的關係，而生物現象的不同描述，也是互補的。

他認爲，把有生個體看成鐘錶之類的機械裝置，或是用普通
的化學概念（例如燃燒概念）來理解生命過程，都不能足夠滿意
地說明生命現象。他的這種看法，顯然正是對生物學中的所謂
「機械論」的一種明確批判。然而，他更加不支持所謂的「活
力論」或「目的論」。他說：

另一方面，設想有一種奇特的、物理學所不知道的「生命
力」控制着有機生命，也不能使所謂活力論的觀點得到清
晰的表達……然而在這個兩難問題中必須記住，生物學研
究的條件是不能和物理學研究的條件直接相比的，因為保
持研究對象的活命的必要性對生物學研究加了一種限制，
而這種限制是在物理學中找不到對應物的。

我們知道，關於生物學中的「機械論」和「活力論」之爭，
玻爾是在年輕時就聞之甚悉並進行過思索的。特別是在較後期的
論著中，他對這兩種學說採取了不偏不倚的態度。他認爲，這二
者各有一定的道理，也各有一定的局限性——二者不可偏廢，是
「互補的」。這種看法，也像關於微觀對象的波粒二象性的看法
一樣，在玻爾的許多論文或演講中都曾有所提及和闡述。

此外，在〈光和生命〉中，玻爾還談論了「眼的構造和機
能」，談論了「心理－肉體平行論」等等。最後，他當然不會忘
記讚揚光療法的倡始者芬森的成就。

〈再論光和生命〉是一篇未完成稿，由玻爾的第四子奧格·
玻爾整理出版。在這篇演講中，玻爾仍然是從物理學中的局勢開
始的。但是，隨著論述的展開，他就聯繫了生命科學中更新的成
果。他認爲，細胞生理學和胚胎學的研究，顯示了生物機體之調
節機能的一種精緻性，而這種精緻性在普通的物理經驗和化學經
驗中是找不到類例的。玻爾說，這種精緻性似乎指示了某些生物
學基本規律的存在，而這些基本規律在能夠用可重複的實驗條件
來加以研究的無機物那裏也找不到對應的規律。他接着說：

強調了在以完備的原子的說明為目的的條件下保持機體生命的那些困難，我從而就提出了這樣的建議：生命的存在，本身就可以看成生物學中的基本事實，其意義正如作用量子在原子物理學中必須被看成一種不能歸結為古典物理學概念的基本要素一樣。

有人指出，在這樣的論證中，玻爾沒能注意到一種「非類似性」。按照批評者的理解，原子物理學中的互補性起源於這樣一個經驗事實：當描述一種觀測中的相互作用時，相互作用現象的整體性就意味着，我們所畫的對象和觀測手段之間的分界線是一條任意選定的分界線。在生命科學中，生命的存在可以看成和作用量子的存在相類似的一種不可約化的經驗事實，但是玻爾後來才意識到，這裏卻並沒有要求外界和機體內部的機制之間的相互作用也形成使二者的區分帶有任意性的一個不可細分的整體〔14，186〕。不過在我們看來，這樣的批評似乎並沒什麼重大意義。且不說批評者的理解是否完全切合玻爾的原意，至少應該知道，玻爾在這裏談論的，是兩種事物的類比，而任何兩種被類比的事物是從來不應該完全等同的——否則便成「以指喻指」，類比變成「偉大的空話」。

在〈再論光和生命〉中，玻爾也談到了生物機體和現代的電磁計算設備之間的本質區別，談到了包括 DNA 分子結構的發現在內的一些生物科學中的新進展，也談到了精神經驗所可能提供的生物學知識來源。他說：

而且，例如思想和情感之類的字眼兒，都涉及互斥的經

驗，因此，自從人類語言剛剛起源時起，這些字眼兒就已經是以一種典型的互補方式被應用着了。

在這裏，玻爾又涉及了一個他所喜愛的課題，那就是人類日常生活的語言或概念中的互補性。

1937 年 10 月，爲了紀念伽瓦尼 (A. Galvani, 1737-1798) 誕生二百週年，在義大利的波洛尼亞召開了一次物理學和生物學的學術會議，玻爾在會上發表了題爲「生物學和原子物理學」的演講〔3,15-25〕。在這篇演講中，玻爾給自己提出的任務是：

> 借此機會回顧一下多少年來科學家們對物理學和生物學之間的關係問題所持的態度，特別是討論一下最近期間原子理論的非凡發展在這方面開創的前景。

演講大約用了一半的篇幅提綱挈領地回顧了從古到今的科學發展。在古代，人們試圖利用原子論來既解釋物理現象又解釋生理現象和心理現象。阿基米德 (Archimedes, 287-212B.C.) 通過觀察身體在澡盆中的沉浮而發現了浮力定律。伽利略 (Galileo Galilei, 1562-1642) 數着自己的脈搏而觀察了比薩教堂中弔燈的擺動。那時他們並沒有明確地區分有機體和無機體。在文藝復興時期，解剖學和生理學的長足進步，使人們認識到了有生機體和工業機械之間的相似性，這種相似性的研究一直持續到近代，形成了生物學中的機械論流派。

另一方面，有生機體的結構精緻性，以及機體中各種相互聯繫着的調節機制的錯綜性，卻一直顯示了生命本身和物理─化學

現象之間的本質區別，於是人們就遇到了一個「兩難問題」。

　　接着玻爾就回顧了從道耳頓（John Dalton, 1766-1844）以來的原子理論的發展，並且指出普朗克的作用量子概念為上述兩難問題的解決提供了一個線索。因為，按照他的說法：「關於原子過程之個體性的基本假設，同時也涉及了在本質上放棄物理事件之間的細緻因果聯繫的問題……」隨後他就介紹了量子力學的發展及其給「觀察」這個概念帶來的修正。

　　玻爾對比了有生機體和原子物理學儀器，指出了二者之間的類似性，也強調了二者之間的本質差異。他說：

　　　　然而，……原子理論的普遍教益就啓示我們，要想把物理
　　　學的定律和適用於生命現象之描述的那些概念調和起來，
　　　唯一的途徑就是要分析觀察物理現象和觀察生物現象的條
　　　件的本質區別。

他又一次論述了，要想研究一個有生機體一直詳細到分子、原子的程度，就必然會殺死那個機體。因此，「在這種意義上，不論就它的定義還是就它的觀測來說，生命本身的存在都應該看成生物學的一個不能進一步加以分析的基本假設，就如同作用量子的存在和物質的終極原子性一起形成原子物理學的基本根據一樣」。他說：

　　　　可以看到，這樣的一種觀點是距離機械論的和活力論的極
　　　端學說同樣遙遠的。

最後，他也提到了心理學和「自由意志」的問題，但是他明確反對了那種「把自由意志和原子物理學中的因果性界限更直接地聯繫起來」的設想。

1949 年 2 月，丹麥醫學會召開了一次會議來紀念丹麥科學家斯提恩諾（Nicolaus Steno, 又名 Niels Stensen, 1638-1686)，玻爾應邀在會上發表了演講。後來他根據這篇演講改寫成了〈物理科學和生命問題〉一文〔14,94-101〕。

這篇演講和「伽瓦尼紀念演講」在思路上基本一致。玻爾仍然從古代開始追溯了物理學和生物學的發展，探索了「物理經驗可以在多大程度上幫助我們按照它的豐富而多樣的顯示來解釋有機生命」。他認為當時的原子理論給人們提供了一種教益，使人們進一步看清了人類在作為自然界之觀察者的方面所處的地位，而這種教益就給看待上述問題的態度提供了一種新背景。

玻爾對問題的論述，在要點上是和以前的論述相同的。在這篇文章中，他從他父親的一篇論文中引用了一段話；他說，這段話表示了他父親及其友輩的態度，而他自己從年輕時起就是生活在那些人中間並熟聞了他們的議論的。

此外，在目前可以見到的一些其他論著中，玻爾也多次提到過生物學的問題。他總是試圖用「互補性」的觀點來看待這些問題，並對它們作出能夠講得通的理解。

6. 心理學中的互補性

玻爾在許多文章和演講中都談到過心理學問題，其中最值得注意的也許要算 1960 年 10 月間的一篇演講，題目是「人類知

識的統一性」〔4,8-16〕。奧格‧玻爾曾經指出，在這篇演講中「比較詳細地論述了心理學問題和社會學問題的互補處理方式」。

事實上，心理學問題也是玻爾一直很關心的一類問題。在這篇演講中，他引用了丹麥作家 P.M. 繆勒的一本小說《一個丹麥大學生的奇遇》中的一些段落來闡明了自己的觀點。這種引用後來也變得非常有名，被說成是「黑格爾辯證法的通俗演示」等等。

玻爾說，人類知識的統一性問題，是像人類文明本身一樣古老的。現在，所謂「科學革命」的成果，肯定已經成為普通的文化背景的一個部份了。我們自己也是自然界的一部份，而本世紀中各門科學的巨大進步，不但大大推進了技術和醫學的前進，而且也給我們帶來了關於我們作為自然界之觀察者的地位問題的出人意料的教益。玻爾指出，數學符號和數學運算的定義，是以普通語言的簡單的、邏輯的應用為其基礎的，因此，數學就不應該被看成一門自然科學，而應該被看成普通語言的一種精確化。

就這樣，他從數學開始，談到了物理科學，並且指出物理科學應被看成「一些整理和探索人類經驗的方法的發展」。

運動的相對性使人們認識到物理經驗對觀察者的立腳點的依賴程度。通過放棄絕對空間和絕對時間的概念，愛因斯坦的廣義相對論使人們的世界圖景獲得了前所未有的統一性與和諧性。在這裏，玻爾談到了某些舊觀念的「放棄」，他認為這種放棄是達到新認識的必要條件。

接着他就談到了量子理論的發展，這種發展揭示了「觀察」問題的新的基本方面，也揭示了因果描述的適用界限。在量子力學中，利用同一種實驗裝置得出的不同結果，只能獲得統計性的

說明，而利用不同的和相互排斥的實驗裝置得出的結果，則可以
顯示一種沒有先例的對立性，以致它們甚至可以顯得是完全矛盾
的，即無法自洽地容納在同一個邏輯圖景中的。玻爾說：

> 正是在這種形勢下，就有必要引用互補性思想來提供一種
> 足夠寬廣的構架，以容納那些不能概括在單獨一個圖景中
> 的基本自然規律的敍述。事實上，在明確規定的實驗條件
> 下得出的並適當應用基本概念表示了出來的那種信息，就
> 其全部來說就包舉無遺地概括了可以用普通語言來傳達的
> 關於原子客體的一切知識。

在這裏，玻爾對微觀物理學中的互補原理作出了概括性的說明。

玻爾再次提到了（微觀）現象對實驗條件的依賴性，認爲
這種依賴性強調了「知識和我們提問題的可能性之間的不可分離
性」。他認爲，這裏涉及的是一種普遍的認識論的敎益，它例示
了我們在許多其他知識領域中的地位。

作了這樣的準備工作，玻爾就開始討論心理學的問題了。他
指出，例如「思想」和「情感」之類的涉及一些互斥經驗的字眼
兒，從剛一開始有語言時就是以一種典型的互補方式被應用的。
他說：

> 然而，在這方面，必須特別注意主體─客體分界線。關於
> 我們的精神狀態和精神活動的任何無歧義的傳達，當然就
> 蘊涵着我們的意識內容和粗略地被稱爲「我們自己」的那
> 個背景之間的一種區分，但是，包舉無遺地描述意識生活

之豐富性的任何企圖，都在不同的形勢下要求我們不同地
劃定主體和客體之間的分界線。

簡單地說，一方面是作爲研究對象的我們的意識內容，另一方面
是作爲研究者的「我們自己」，這二者之間的區分往往不是那麼
容易的。在這裏，玻爾引用了繆勒的描寫。P. M. 繆勒在他的小
說中描寫了表兄弟二人，一個叫做弗里茲的是一個洞明世事的正
常人，而另一個叫做「碩士」的則是一位耽於思索的冥想者。
「碩士」向弗里茲描述了作出一個決定的不可能性。他說：

> 我的無休止的追問使我不能得到任何結果。而且，我開始
> 想到我自己的關於發現自己所處的那種狀況的想法。我甚
> 至想到我在想它，並把我自己分成相互考慮的後退着的許
> 多個「我」的無限序列。我不知道停止在哪一個「我」上
> 來把它看成實際的我，而且，我一經停止在某一個「我」
> 上，事實上就又有一個停止於其上的「我」了。我搞得完
> 全糊塗了，而且感到暈頭轉向，就像我低頭注視着一個無
> 底的深淵一樣，而我的思索的結果則是一次可怕的頭疼。

羅森菲耳德曾經評論說❽：

> 保羅・繆勒大概不曾想到，他的這種輕鬆的笑談有朝一日
> 竟會觸發一系列思想，來把人們引向原子理論的一些基本

---

❽ 同第一章注❶。

方面的闡明和科學哲學的刷新。不過，幾乎可以毫不誇張
地說，這位碩士先生的困惑，尤其是他和他那許多自我的
鬥爭，就是玻爾所曾接受過的有關辯證思維的唯一的具體
教育，也是他那高度獨創的思維和哲學傳統之間的唯一的
紐帶。

羅森菲耳德也從繆勒的書中引用了另外幾段，其中一段如下：

> 於是，在許多情況下他把自己分成兩個人，其中一個力圖
> 愚弄另一個，而和這兩個人其實並無不同的第三個人則對
> 這種混亂大感驚訝。總而言之，思維變得戲劇化起來，並
> 且默不作聲地通過它自己而又為了它自己搬演出最複雜的
> 情節，而且觀衆還一次又一次地變成演員。

有些人認爲，玻爾喜歡談論的所謂人生在世既是觀衆又是演員的
那種說法，很可能就是從這段話變化而來的。

　　玻爾認爲，在日常生活中，人們對普通語言的適當用法已經
習以爲常，從而不會像那位碩士一樣地把自己弄糊塗。在這種適
應過程中，「嚴肅和幽默之間的平衡」起了相當的作用。 換句話
說，「嚴肅」和「幽默」也是人生態度中的兩個互補的方面❾。

---

❾ 關於「嚴肅」與「幽默」的互補關係，人們也時有論述。有一位
　物理學家叫做皮特·海因 (Piet Hein)， 曾在玻爾的研究所中
　工作。此人擅畫漫畫， 喜作小詩， 出版了多本詩集， 甚至有人
　說他應得諾貝爾文學獎。 他的小詩叫做 Grooks ， 類似釋家的
　「偈」。其中一首之大意云：
　　　於莊只見莊，　　於諧惟識諧，
　　　君心太茅塞，　　其愚不可階。
　羅森塔耳在回憶玻爾的小書 (文獻〔8〕) 中曾舉出之。

當討論到「自由意志」的問題時，玻爾提到了「思忖」和「決心」之類字眼兒的互補用法。他說，脫離開它們的上下文，「希望」和「責任」之類的字眼兒也是不可定義的。在倫理問題中，「嚴明」和「仁慈」等等的概念也各自有其適用的限度。聯繫到這種問題，玻爾說：

> 我們在這裏面臨著人類地位所固有的，並且是令人難忘地表現在中國哲學中的那些互補關係；那種哲學提醒我們，在存在的大劇中，我們自己既是演員又是觀衆。

在這裏，我們再一次見到了「既是演員又是觀衆」的話題，眞正是「三致意焉」。但是玻爾並沒有確切說明他所謂的「中國哲學」到底指的是什麼，也沒有明白指定「既是演員又是觀衆」的說法就是來源於中國哲學，他只說了中國哲學使人們**想起**這句話。關於這些問題，我們在下一章中還要略加探討。

7.　各門科學間的關係

幾乎在所有的帶點哲學傾向的論著中，玻爾都涉及了不同科學領域之間的關係問題。例如，在「法拉第紀念演講」中，他至少涉及了物理學和化學之間的關係。在〈光和生命〉中，他考慮了物理科學和生命科學之間的關係。在〈人類知識的統一性〉中，他當然討論了多門科學之間的關係，並嘗試了用互補原理這一「更寬廣的構架」把它們統一起來。

事實上，早在1954年，他就根據一篇在美國發表的演講寫成

了〈知識的統一性〉一文〔3,75-91〕。文章一開始，就提出了所謂「知識」到底指的是什麼的問題。他說：

> 我不準備進行一種學院式的哲學論述；對於那種論述，我是沒有必要的學識的。然而，每一個科學家都經常遇到經驗的客觀描述問題；所謂客觀描述，指的就是無歧義的思想溝通。

玻爾指出，一切知識都是在已有的概念構架中表現出來的。在任何一種概念構架中，都有一些觀點可能被認爲是天經地義的和可以無限應用的。但是，當用來概括新的經驗時，任何一種概念構架都可能被證實爲過於窄狹，而甚至某些本來顯得是不容懷疑的觀點，也將被證實爲具有一定的應用範圍。結果就不得不採用一種較新的和更加寬廣的概念構架。這種概念構架的擴大，將「顯示我們在一些表面看來相去很遠的知識領域中，在經驗的分析和綜合方面所處地位的類似性；這意味着一種越來越廣闊的客觀描述的可能性」。在這裏，玻爾強調的是破除成見和接受新事物的重要性，他強調的是客觀的而不是主觀的描述。他認爲，採用了更廣闊和更寬鬆的概念構架，各門知識之間的相互關係和統一性就將得到更清楚的反映。

接着他就談到了形式邏輯和語義學，以及作爲語言之精確化結果的數學。他認爲，這些都是表達知識的概念工具。

當談到具體的知識分支時，他當然是從物理學開始的。他指出，精密科學的興起排除了古代的神秘論。古典力學的建立澄清了原因和結果的概念，而更廣闊物理經驗領域的研究則揭示了進

一步考察「觀察」概念的必要性。

　　聯繫到量子物理學的發展，玻爾闡述了他的互補性觀點。接着他就討論了生物學、心理學和認識論的問題。他說：

> 由於放棄了對解釋所提的習見要求，我們也就得到了概括
> 更廣泛經驗領域的一種邏輯方法；這種方法使人們有必要
> 注意主體—客體分界線的畫法。

　　在討論了和各門科學中的知識統一性有關的問題以後，玻爾又提出了進一步的問題：是否存在和科學真理有所不同的什麼詩意的、精神的或文化的真理。於是他就按照自己的看法分析了文學、繪畫和音樂。他指出，一切藝術當然都需要靈感，但是，一切藝術家在他們的創作高潮中也還是依靠着我們人類存在於其上的那種共同基礎的。同時，他把科學和藝術進行了對比，並且指出，「正像『真理』一詞那樣，知識的統一性問題顯然也包括着歧義性。」他說，一方面我們有一種慾望，想要得到一種包羅萬象的觀點來看待千變萬化的生活；另一方面我們卻只具備有限的能力來用一種邏輯上自洽的方式表現我們自己；關於這二者之間的恰如其分的平衡，是存在着許多認識論方面的問題的。

　　玻爾甚至也談到了科學和宗教的關係，認為二者之間的分歧主要是客觀知識和主觀信仰之間的不同。但是他說：

> 近代的科學發展強調了適當注意主體—客體分界線的畫法
> 對於無歧義思想溝通的必要性；這樣一來，就為知識和信
> 仰這一類字眼兒的應用創造了一種新的基礎。

他也談到了「嚴明」和「仁慈」的關係。就是說，在任何必須嚴格地按法律行事的場合下，都是沒有表現仁慈的餘地的，而且仁慈和惻隱可能是和一切的嚴明都互相衝突的。他說：

> 這一點，在古代的東方哲學中是用下述的訓誡來加以強調的：當在人生中尋求和諧時，永遠不要忘記我們自己在現實舞臺上旣是演員又是觀衆。

這裏又提到了「旣是演員又是觀衆」，而且明確指出了這是「古代的東方哲學」中的一個戒條。

1960 年 8 月，玻爾在哥本哈根的國際醫藥科學會議上發表了題爲「各門科學間的聯繫」的演講〔4, 17-22〕。他按照一貫的思路討論了各門科學的關係，特別是討論了物理科學和生物科學之間的聯繫。奧格·玻爾曾經特別提到過這篇演講和〈再論光和生命〉，他認爲這兩篇演講：

> 接觸了物理學和生物學之間的關係；這種關係是我父親多年以來所深感興趣的……他覺得，從那時〔指 1932 年發表〈光和生命〉時〕起，他的某些見解並不是經常得到正確的理解的，因此，特別是在分子生物學領域中的一些偉大新發現的刺激下，他迫切希望按照從那時起的發展過程來對那些觀點作出說明……

8.　一般文化問題

從哥本哈根沿東海岸往北行約四十公里，就到達一個叫做埃爾西諾的小城鎮。那是北西蘭島和瑞典之間的海峽最窄的地方，該地有著名的克倫堡故宮，爲莎士比亞名劇《哈姆雷特》所假託的地點。

1938 年 8 月，當戰爭的黑雲沈重地威脅着歐洲時，在克倫堡中召開了國際人類學和人種學會議，玻爾在會上發表了題爲「自然哲學和人類文化」的演講〔3,23-31〕。

當時希特勒一夥大肆宣傳並推行反動的種族主義，宣稱世界上只有所謂「亞利安民族」最優秀，而其他民族，尤其是猶太民族，則是低劣的和必須被消滅的。他們的一切瘋狂的倒行逆施嚴重地威脅了全人類。如果當時別的人還舉棋不定的話，玻爾對此卻肯定是有十分痛切的感受的。

他在演講中表示，打算用少量的語言把人們的注意力引向自然哲學之晚近發展的認識論方面，引向這種認識論的問題和一般的人類問題之間的關係。他說，當問題涉及的並不是日常生活中的經驗時，一切習慣規約的應用就必須特別愼重。他強調指出，在物理學中得到的這種教益，使人們想起一種**新的危險**，那就是「用我們自己的觀點去判斷其他社會的文化發展」的危險。這句話，其實已經是對一切種族主義分子的公開警告了。

玻爾指出，物理科學是人類文明的一個不可分割的重要部份；它不但全面地改變了人類的物質生活，而且也在澄淸人類的生存背景方面起了重要的作用。通過天文學和地理學的長足發

展，我們「現在再也不認爲自己是得天獨厚地生活在宇宙中心而
被居住在蠻荒邊疆的一些更不幸的社會所包圍着了」。我們大家
都共同生活在太陽系中的一個小小的星球上，而太陽系也只不過
是更大體系中的一個小部份。甚至人類沿用已久的空間概念和時
間概念也已經受到了激劇的修訂，而原子物理學的巨大發展則更
加改變了人們許多最根本的想法。當所涉及的現象是在原理上超
出了古典物理學的範圍時，任何的實驗結果都不能被認爲是提供
了關於物體之獨立屬性的知識，因爲任何實驗結果都在本質上依
賴於實驗進行時的特定條件。在不同的條件下得出的實驗結果可
以說是「互補的」，它們共同提供着有關研究對象的完備知識。

　　這時玻爾簡短地談到了心理學中的互補特點，談到了「思
想」和「感情」之間的關係等等。然後他就談到了互補性和不同
人類文化之比較的關係。他舉出了「本能」和「理性」這兩個概
念，認爲每一個有生機體的潛在可能性都是很難估計的。他說，
思維的能力、概念的運用，往往和遺傳本能的體現處於一種既互
斥又互補的關係之中。例如，所謂未開化民族有一種在森林或
沙漠中辨別方向和維持生命的可驚異的本領；這種本領在「文明
人」身上已經大部喪失，但是在很偶然的情況下有時也會再現出
來。

　　接着他又提出了一個問題：一個初生的嬰兒，是命中註定只
能接受一種固定的文化呢？還是可以接受不同的文化？還句話
說，遺傳的因素在決定一個人的性格方面到底有多大的決定性？
這在當時也顯然是一個十分敏感的問題，別的人大概避之惟恐不
及，因爲這樣的問題等於正面向希特勒他們挑戰。玻爾分析了這
個問題，認爲在很大程度上可以把生物學的要素和精神上的傳統

看成是彼此無關的。這是他的眞實想法，而並不是故意和希特勒一夥「唱反調」，因爲據給玻爾當了幾十年秘書的舒耳兹女士說，玻爾從來就不承認遺傳或種族能決定一個人的性格。但是，在納粹份子們聽來，玻爾的議論當然是十分刺耳的。

玻爾繼續分析下去，談到了研究一種未開化民族的文化時就有擾亂那種文化的危險，正如觀察一種原子現象一般就會改變那種現象一樣。他說：

> 事實上，每一種文化都代表一些傳統習慣之間的一種和諧的平衡；通過這種平衡，人類生活的潛在能力用一種方式展示開來，向我們顯示出它那無限豐富性和無限多樣性的一些新方面。

玻爾本來是眞心實意地在討論學術，但是這時與會的德國代表退出了會場，表示了政治的抗議。

在丹麥被納粹德國佔領期間，丹麥人民進行了各種形式的抵抗。爲了反對希特勒的文化侵略，學術界人士不避艱危編寫了多卷本的《丹麥文化》一書，邀請玻爾撰寫了前言，題爲「丹麥文化，一些介紹性的思索」。玻爾不是一般文化問題的專家，他爲撰寫這篇文章而付出了巨大的精力。他從查閱辭書中的「文化」一詞開始，閱讀了浩瀚的資料，經過多次易稿而完成了撰寫工作。

玻爾說，他之所以接受撰寫此文的邀請，是因爲他在和來自不同國家的科學家們的合作中時常想到丹麥和周圍世界之間的文化方面的關係，也時常想到作爲丹麥生活態度之特徵的那些傳

統。然後他就分析了確定着一種文化的發展的各個條件，以及丹麥和斯堪的納維亞各國在歐洲文化界所處的特殊地位的優點和缺點。他大致地按照歷史順序，回顧了丹麥的文學和科學的發展。他認爲，儘管丹麥文化有許多互相交織在一起的方面，但是它的最重要的特色卻可以說是那種「普天之下皆兄弟也」的意識。他說，正是那種對世界公民身份的堅持以及自己作爲世界公民的責任感，決定了丹麥人在本國和在外國的使命。他在文章的結尾處寫道：

> 我們和別人的未來命運，我們是無從知道的。但是，不論目前世界所面臨的危機將對人類生活的一切領域發生多麼深遠的影響，我們也還是有理由希望，只要我們還有發展我們這種根深葉茂的生活態度的自由，我們的人民就在將來也將能夠為人類的目的而光榮地効力。

在這篇文章中，玻爾沒有明白地提到他的互補性觀點，然而他在分析問題和論述問題時的那種方式，當然到處是和他的基本觀點息息相通的。

事實上，玻爾在另外一些論著中也談到過文化問題。例如，在上面提到的那篇〈知識的統一性〉中，他就在即將結束時說過：

> 當對那些以受到歷史事件哺育的傳統為基礎的不同文化進行對比時，我們就遇到在一種傳統的背景上來對另一民族的文化作出估價的困難。在這方面，各民族文化之間的關

係有時被形容為互補的，儘管這一説法並不能按照它在原子物理學或心理分析學中的那種嚴格的意義來理解——在原子物理學和心理分析學中，所遇到的是我們的處境的不變特徵。

在這裏，玻爾很自然地使用了「互補的」這個形容詞。

9.　因果性和互補性

玻爾哲學的中心，當然是關於互補性或互補關係的思想。這種思想的出發點或主要方向，就是關於因果性之有限適用範圍的認識。在本章中提到的所有論文和演講中，玻爾都因時制宜地闡述了這種根本的思想。因此人們才把這些論著叫做玻爾的「哲學」論著。但是，從標題來看，只有一篇論著的標題中出現過「哲學」二字，此外上述這些論著的標題中都不帶「哲學」字樣。

在這方面，1958 年發表的一篇文章特別值得注意。這篇文章的標題是「量子物理學和哲學——因果性和互補性」〔4,1-7〕。奧格・玻爾說：「我父親覺得，在這篇短文中，他在某些本質問題的闡述方面作得比早先更加清楚和洗鍊一些。」因此，簡單談談這篇短文的主要脈絡，或許就是不無必要的了。

玻爾在這篇短文中把古典力學中的因果原理說成了表示着因果關係之理想形式的「決定論」。在電磁學中，這種決定論也是得到了保持的。相對論使人們認識到了物理現象的描述依賴於觀察者所選的參照系，但是這並沒有動搖而是加強了上述那種決定論的基礎。總之，「決定論的描述，乃是通常稱爲古典物理學的

那座宏偉大厦的特徵」。

「然而，普朗克的作用量子的發現，卻在物理科學中開關了一個新紀元。」這一發現揭示了原子過程的一種未之前聞的「整體性」，以致人們在有關原子基元過程的實驗證據中遇到「一種和決定論的分析不能相容的新型規律性」。

因此，那時物理學家們的任務就是要發展古典物理學的一種可以很和諧地把作用量子容納在內的合理推廣。這種任務在量子力學的表述形式中得到了完成。

量子力學在整理許多有關原子現象的實驗資料方面是很有用的，但是它卻背離了因果解釋的習見要求。所謂「實驗」，只能理解爲一種那樣的程序，關於該程序我們能夠告訴別人我們作了什麼和學到了什麼。然後玻爾就談到了物理實驗的一些本質特點，例如實驗紀錄的永久性等等。這時他說了一句很可注意的話，那就是，「在這方面，原子現象的描述具有完全客觀的性質」。

但是，在量子現象的分析中卻有一個本質上的新特點，那就是引入了「測量儀器和研究對象的根本區別」：前者是用純古典的概念來描述的，而後者則必然體現量子特點，而且二者之間的相互作用構成現象的一個不可分割的部份。「因此，在原理上，眞正量子現象的無歧義的描述，就必須包括關於實驗裝置之一切特點的描述在內。」

按照上述的意義來看是相同的一個實驗，當重複進行時一般會給出不同的紀錄；這就表明，微觀領域中的經驗，一般只能用統計規律來加以概括。在這裏，統計規律的意義是和在古典理論中的意義根本不同的。因爲，在量子物理學中，用不同的實驗裝置得到的關於研究對象的資料，是顯示着一種很新穎的「互補性」

的。這種互補性並不會限制我們藉助於實驗來向自然界提出問題的那些努力，它只不過是在對象和儀器之間的相互作用形成現象的一個不可分割的部份時，表徵着我們通過這種提問所能得到的答案而已。

在量子物理學中，許多基本概念的無歧義應用，是由一些互補關係來支配的。這種互補關係表示了對決定論理想的一種無可挽回的放棄。這樣的關係在海森伯測不準原理中得到了定量的表示。薛定諤的方法也沒什麼原理上的不同。波函數的應用只是一種純符號性的程序，這種程序的物理詮釋歸根結柢要涉及關於實驗的全部描述。忽視這一事實，就會造成混亂，並導致一些和日常語言不能相容的說法。

我們已經看到，量子規律性不能按照古典思路來加以分析。這一事實本身，就要求在經驗的說明中必須在測量儀器和研究對象之間進行一種邏輯的區分，而這種區分就會排除普遍的決定論描述。總而言之，互補性這一更加寬廣的構架，絕不會導致任何**隨意地**放棄因果性這一理想。

然後，玻爾就對比了相對論思想和互補性思想。他認為，儘管這兩種思想所處理的問題是那樣地不相同，但是它們事實上卻都代表了我們的概念構架的適當擴充。這也是玻爾在不止一個場合下論述過的得意論點。

到此為止，所談的基本上都是量子物理學，儘管處處都聯繫着認識論。只有在文章的最後一段中，玻爾才明白地提到了哲學。他說，從一般的哲學觀點看來很重要的就是「我們在其他知識中的分析和綜合方面都遇到一些形勢，它們使人聯想到量子物理學中的形勢」。於是他指出，有生機體、有意識的人、人類文

化等等，都顯示出某種整體性的特色。這些特色的說明，就蘊涵着一種典型的互補描述方式。玻爾特別指出：

> 我們處理的並不是一種或多或少模糊的類比，而是在更寬廣領域的不同方面之間遇到的一些邏輯關係的清楚的實例。

第八章

關於玻爾哲學

上士聞道，勤而行之；

中士聞道，若存若亡；

下士聞道大笑之——

不笑不足以為道！

——《老子·第四十一》

1. 玻爾的風格

玻爾學術論著的獨特風格，是頗爲膾炙人口的。其中最著名的特點，就是那種「非公理化」的論述方式。一般的理論物理學論著，總是力圖作到「公理化」。也就是說，作者（們）總是力圖把自己的理論整理成一套邏輯體系的形式；從幾條最基本的公設出發，邏輯地推出所有的結論。在撰寫科學論文時，玻爾當然也免不了多少使用一些這樣的表達方式，但是他卻比別人使用得更加靈活。他更加注意思想運行的靈動性（或「辯證性」），而不太喜歡或很不喜歡那種死板的形式化。他喜歡採用「啓發式」，常常通過分析一些具體的問題來引入概念和得出結論，但是卻往往並不把那些概念或結論凝固成不變的條文。例如，他的對應原理本來

是他研究複雜原子(多電子原子)的光譜的主要方法，但是在他的任何一篇論文中卻都找不到對應原理的明確敍述。這種情況給不少人造成了理解上的困難，而且至今還有許多很有成就的學者弄不清楚什麼是對應原理；至於那些吠影吠聲之徒，趁此機會大作那種指鹿爲馬、信口開河的「研究工作」，那當然更是不值一笑了。

　　玻爾的科學論著是如此，他的哲學論著更是如此。在我們所見到的玻爾的哲學論著中，幾乎沒有一篇是多少帶點「公理化」意味的。有很少幾篇這方面的論著被分了節，每節有一個小標題，但是各節之間的邏輯關係卻往往比較鬆散，看不出十分必然的關聯。更有甚者，他的許多哲學論著（包括論文和演講）都根本沒有分節。他就那樣一路說下去，一邊分析，一邊論證，從一個想法轉到另一個想法，一切都順流而下。因此，如果你不是從頭到尾地一直注意，你就會漸漸地摸不着頭腦，不知他要講的到底是什麼了。我們知道，玻爾寫文章，是比別人更下功夫的。他寫一篇文章常常要換掉十幾份稿子，字斟句酌，曠日持久，且在門弟子中傳爲美談。因此，把文章弄成「公理化」的樣子，這在玻爾來說並不是「不能」而是「不爲」——他寧願給讀者（或聽者）多留下一些自己體味的餘地。

　　1922 年的「格廷根演講」，處理的是多電子原子的結構和光譜以及化學元素週期表的問題。這完全是物理學的內容，而且從現存的講稿也實在覺察不出什麼「哲學」味道來。但是，當時剛剛見到玻爾的青年大學生海森伯卻從中聽出了「微言大義」。他後來回憶說〔6,94〕：

　　　他講話聲音很輕，而且有點吞吞吐吐，但是人們在他經過

精心權衡的每一個字句後面，却都覺察到一長串的想法。這種思想的長鏈漸漸遠去，在背景上的什麼地方交滙成一種使我為之心醉的哲學觀點。

海森伯在另外的場合下也說過，當時索末菲等人已經把玻爾的原子結構理論看成了當然的眞理，而玻爾自己却一直保持了一種「姑妄言之」的清醒態度。在這方面，玻爾的一句有名的口頭禪就是：「我所說出的每一句話，都不應該被看成一個論斷，而應該被看成一個問題。」

有人問玻爾的弟弟，爲什麼他是那樣一位了不起的教師，而玻爾却是一位辭不達意的演講者。他說：「那只不過因爲，我所講的都是我以前已經說明過的，而尼耳斯所講的，則是他打算在以後再來分析的東西。」

蘇聯學者弗埃因伯曾經評論說❶：

一般說來，玻爾論著的特徵，就在於什麼東西都是處於變動之中的。最確切和最嚴密的表述，往往是在後來的文章中才得到的，儘管玻爾這時並不改動任何基本的東西。在這種意義上，玻爾那些關於原子理論和量子力學的著作的風格，可以說並不是「經典式的」，並不是一鑄而定的；它們的結構，並不是像例如愛因斯坦的著作那樣經過嚴格公理化的。

---

❶ E. 八，Φейσepr 的文章見 Ycnexu Φuзvueckux Hayk（ΥΦΗ，《物理科學的成就》），Tom. Lxxx, Bbln. 2, (1963), p.149.

　　可以想見，在那些習慣於或堅決主張「公理化」思想格式的人們（這樣的人豈在少數？）看來，玻爾的這種「流變式的」風格是何等地難以接受啊！據說愛因斯坦在一次辯論中曾經要求玻爾：「請你首先肯定一下，在你的那些概念中，有哪些概念是我從自己的觀點看來認爲可以接受的，然後我們就在這樣的基礎上，邏輯地論證下去。」這要求倒也不算過分，但是玻爾卻說：「在這種什麼東西都還沒有弄清楚的全新領域中，假如我居然同意肯定任何東西，那我認爲就是**對科學的背叛**。」

　　然而玻爾卻不是那種毫無主見的人物。在表現形式和技巧細節上，玻爾的思想永遠是那樣地靈動，那樣地順隨，從來不感到僵固。但是在基本觀念和主導思路上，它又顯得是那樣地持恆和自信。以後我們卽將談到，玻爾的許多基本觀點，早在他的青年時期就已發育到了一定的成熟程度，後來並沒有什麼根本的變動。這種思想上的「持恆性」，也是玻爾風格的另一重要特點。一方面是「流變性」，另一方面是「持恆性」；這二者或許也可以說是「互補的」。

　　由於存在「流變性」，玻爾的思想就最不宜於用那種僵死的、公理化的、教條式的頭腦去理解，否則或將差之毫釐、謬以千里。同時，由於具備「持恆性」，這種思想又必須永遠用一種歷史發展的眼光去看待，不能只看它的一個斷面，否則也很容易浮光掠影、郢書燕說。在玻爾思想的研究中出現了那麼大量的謬解和瞽說，在這兩方面處理得不夠好或許是很重要的原因（研究者的人品問題在此不論）。

　　玻爾風格的第三個特點，就是它的「隱晦性」。非公理化的表達方式，本已容易造成理解上的困難，而玻爾又總是不肯把話

說得足夠確定和足夠明白，他總是「逢人只說三分話」，以期給對方留下盡可能多的回味餘地。他喜歡說「眞理」和「清楚」也是「互補的」。換句話說，話說得越清楚，「眞理」的成份就越少了。熟悉玻爾風格的人們說，在這二者之間，玻爾是大大偏向「眞理」一邊的——從而就是「很不清楚的」。這樣一來，他的文章就更加給人以一種迷離撲朔、隱約朦朧的感覺，使你總覺得很難窺其堂奧了。

喜歡這種風格的人們讚揚玻爾思想縝密和深沉，說他有獨創性或懂得辯證法。在一篇慶祝玻爾六十壽辰的文章❷中，泡利說玻爾的論著中有許多很長的句子，那是爲了巧妙地避開說出他不願意說出的話。泡利也指出，一個不熟悉那些論著的發展歷史的人，是很難領會那些長句中的語氣分寸上的變動的。這種說法想必是泡利的經驗之談。他曾協助玻爾修訂過「科莫演講」，熟悉該稿的「發展歷史」，對那些「語氣上的變動」一定深有體會。

不喜歡這種風格的人們就會指摘玻爾愛搞「詭辯」，不合「邏輯」或不可理解。例如，據說愛因斯坦說過❸：「玻爾的思想是相當清楚的，但是，當他開始寫作時，他就變得非常難以理解了。」他指摘玻爾「把自己設想成一位先知」。

我們在這裏又得提到那位聰明機巧的外才克爾。他是德國高級外交官的兒子，是很有成就的物理學家，同時又是海森伯的某種「智囊」，對哲學也很感興趣。他從一開始就很注意玻爾的哲學觀點，自以爲可算是個內行。當玻爾的七十歲壽辰卽將到來時，他寫了一篇題爲「互補性和邏輯學」的綜述文章。爲寫這篇文章，

❷ 見W. Pauli, *Rev. Mod. Phys.* **17** (1945), p. 91.

❸ R. S. Shankland, *Amer. J. Phys.* **31** (1963), p. 47.

他又從頭細讀了玻爾的著作。於是他覺得現在才是「眞懂了」，以前許多年其實是誤解了玻爾的原意。但是，當他把自己的新覺悟告訴玻爾時，玻爾卻給了他「一個明確否定的答覆」〔19,90〕。

好的，如果狄喇克、愛因斯坦和外才克爾這樣的人物都覺得玻爾的思想不是那麼一覽而無餘，別的「研究者們」和「批判家們」或許也應該多少放謙虛一點吧！

玻爾風格的第四個特點就是它那種樸實無華的外貌。這一點我們在前面已經提到過了。玻爾的個性是幽默和隨和的，但是他寫出來的文章卻永遠是那樣的莊重而清淡。他的某些觀點，例如關於因果原理的有限適用性的觀點，被人們譽爲「本世紀中最富革命性的觀點」。但是，在闡述這樣的觀點時，玻爾從來不使用那些華美的、機智的、新奇的、諧謔的、誇張的、傲謾的或煽動的辭藻；他永遠是那樣地心平氣和，那樣地溫文爾雅，那樣地輕描淡寫，就彷彿他講的本來就是平平無奇的老生長談一樣。這一來就越發增加了他的論著的難懂性。因爲淺見之士很容易誤認爲「沒什麼了不起」而把它輕輕放過；就是內行的高明人物，通常也只有在長久的研讀和思索之後，才能依稀地得窺其門徑呢！

2.　什麼是互補原理？

我曾應邀爲某辭書撰寫玻爾小傳。稿成之後，被送往許多名家處「審閱」。得到評語說，稿中提到了玻爾的互補原理，但是卻沒有給出該原理的「文字敍述」，請補。這意見實在高明，使人啼笑皆非。互補原理就是玻爾所說的「互補性」或「互補關係」，它從來就不曾有過任何權威性的「成文敍述」，後生小子，如何

「補」法？

在這方面，審稿名家們或許可以聽聽羅森菲耳德的意見❹：

> 互補性絕不是什麼體系，不是什麼有着現成條文的教義。不
> 存在通往互補性概念的欽定大道，甚至在玻爾的著作中也
> 找不出它的形式化的定義。於是這就使許多人大感懊惱。
> 法國人由於這種對笛卡爾法則的公然違背而大驚小怪，他
> 們責備玻爾濫用了「明暗法」（ clair-obscur）和退入了
> 「北方的霧」中。德國人按照他們的求全精神，曾經下了
> 功夫來區分互補性的若干形式，並寫了幾百頁的書來研究
> 各該形式與康德的關係。實用主義的美國人曾用符號邏輯
> 的手術刀來解剖互補性，從而承擔了不用任何言詞來定義
> 這種正確使用言詞的優美藝術的任務。玻爾是滿足於用舉
> 例來教人的。他常常提到一些過去的思想家，那些人本能
> 地認識了存在的一些辯證方面，並且在賦予這些方面以詩
> 的或哲理的表達中作出了努力；他常說，我們比這些偉大
> 人物更佔優勢的地方，就在於我們在物理學中看到了互補
> 性的一種如此簡單、如此明白的事例，因此我們就能夠細
> 緻地研究它，並從而得出一種具有普適範圍的邏輯關係的
> 確切表述。至於關係的本性，他却認為那已經通過他關於
> 古典物理概念之適用界限的分析而得到了充分的闡明。

不論人們是否贊同，玻爾那種「關於古典物理概念之適用界

---

❹ 同第一章注⓫。

限的分析」應該說是很清楚的。在上一章中，我們已經通過逐篇
介紹玻爾的重要哲學論著來介紹了這種分析。現在讓我們再來作
一次概括的回顧。

　　按照玻爾的意見，古典物理學主要研究的是宏觀現象，它所
用到的概念主要是從日常生活的經驗中提煉出來的，從而那些概
念都比較直接地聯繫到某種直觀的形象。當用到微觀領域中時，
這種概念是否還能適用呢？那是誰也不能預先判定的。如果發現
有些概念不再適用或只能有限度地適用，那也根本不足爲奇。

　　玻爾指出，普朗克作用量子 h 的發現，在物理學中引發了新
的形勢。在宏觀現象中，所涉及的作用量都比作用量子大得多，
這時的作用量可以看成連續變化的量。這就是包括相對論在內的
整個古典物理學的正式研究領域。

　　但是，在原子（微觀）現象中，作用量子卻代表了現象的一
種未之前聞的個體性、整體性或不可細分性。由於 h 並不等於
無限小，在研究對象和觀測手段（有時也包括作爲觀測者的人在
內）之間就永遠會存在一種無法確知的，無法補償的，從而也是
「不可控制的」相互作用。這就造成了根本上新的理論形勢。玻
爾說，由於這種相互作用的存在，人們不能再認爲（微觀）現象
或觀測儀器各自具有從前所設想的那種「獨立的實在性」。他指
出，研究對象的「狀態」和對象的「觀測」，是不能同時絕對準確
地使用的兩個概念；就是說，它們是**互斥的**。但是，另一方面，
這兩個概念又全都有用，它們可以在不同的事例中分別被準確地
使用，或是在同一個事例中同時被不太準確地使用。在這種意義
上，可以說它們是**互補的**。在玻爾的論著中，每提到「互補性」，
就是指的事物之間這種既互斥又互補的特定關係。

　　由於存在上述這種對象和觀測手段之間的相互作用，當十分準確地測定對象的空間座標和時間座標時，就不可能同時知道它的動量和能量。但是，按照玻爾的看法，動量和能量的守恆定律，就是決定論的因果原理在物理學中的表現形式。因此他就說，空間—時間的描述方式和決定論的描述方式，是兩種不能同時成立的描述方式，也就是**互斥的**描述方式。但是，這二者又都是必要的，其中任何一種都不能從頭到尾地被廢除。因此就說它們是兩種**互補的**描述方式。

　　在古典物理學的研究領域中，所涉及的作用量一般可以看成一個連續變化的物理量，因此對象和觀測手段之間的相互作用可以忽略不計。在這種條件下，空間—時間描述和因果描述可以完全自洽地結合在同一個統一的圖景中。玻爾認為，這樣一種理想的結合，就是古典物理學所獨有的特徵。在微觀領域中，這樣的理想結合是不可能的：人們只能或是準確地使用空間—時間描述，或是準確地使用動量—能量描述（即因果描述），或是「不準確地」同時使用這兩種描述。玻爾指出，海森伯的測不準原理，就是量子物理學中這種基本形勢的定量反映。

　　由於存在這樣一種形勢，微觀現象的描述一般就是只能用統計規律來反映的。這時當然就會用到「幾率」。但是這裏的幾率具有「先驗性」，在意義上是和古典物理學中的幾率完全不同的。因此，據玻爾和絕大多數的理論物理學家看來，量子理論**在本性上**就必然是一種統計性的理論，在它的下面不會再有任何所謂「動力學的底層」，從而任何尋求所謂「隱變量理論」的作法都是不會有什麼結果的庸人自擾。

　　由於微觀領域和宏觀領域在規律上及形勢上都大不相同，一

切古典物理概念在微觀領域中的應用就都要受到一定的限制。這種應用不可能是一成不變的和絕對徹底的。承認了這一點，所謂光和物質的「波粒二象性」就不再是什麼「兩難問題」，而是完全可以理解的了。「波」和「粒子」，這是從古典物理學中借用過來的兩種直觀的概念或圖景。當用到微觀對象上時，這兩種圖景全都不是絕對地貼切，全都不能獨佔描述對象的任務。事實證明，人們只能適應著所遇到的不同實際條件，有時使用波動描述，有時使用粒子描述。從微觀對象的「立場」來看，「波」和「粒子」都只是某種比喻。因此，討論一種微觀對象「是」波還「是」粒子，就是沒有什麼真實意義的。白居易詩曰：「芙蓉如面柳如眉」，那也是用兩種植物的「圖景」來比喻地描述楊玉環。你硬要問楊女士「是」芙蓉還「是」柳，那豈不成了笑話！因此，玻爾說「波」和「粒子」不過是兩種「互補的」描述方式而已。

這就是玻爾針對量子物理學中的基本形式而提出的「互補性」觀點的大意。我們知道，後來他一步步地把這種觀點推廣到了宏觀物理學、化學、生物學、生理學、遺傳學、人類學、心理學、語義學、人類文化等等的領域中，終於發展出來了一種很有特點的「互補哲學」，而他的「互補性」觀點也漸漸得到了「互補原理」的名號。

那麼，說來說去，到底什麼是「互補原理」呀？或者說，能不能或該不該給這條原理找出一種尚稱切當的「成文敍述」呢？這就肯定是一個見仁見智的問題了。「審稿名家」們不問「能不能」，至少認為「該」，而「亞聖」羅森菲耳德教授則似乎「期期以為不可」。

　　無論如何，即使可能的話，互補原理的恰當表述也絕不是一件易如反掌的事。愛因斯坦在晚年寫的一篇文章中曾經承認〔32，1，471〕：

　　　　這個原理，儘管我曾經作了很大的努力，還是不能得到它的明確表述。

愛因斯坦！這在某些人心目中就是二十世紀物理學中的「上帝」或「教皇」。連他都表示找不出「明確的」表述，別的人大概也就希望很小了。

　　現在先按下「明確表述」，來談談某些比喻性的說法。這一類的說法有時也可以起一定的啓發作用（但也往往很容易起不幸的誤導作用）。有人說，互補原理就是表示「你不能向一個人鞠躬而不讓別人看見你的後背」。玻恩說，互補原理就是表明「我們的整個經驗世界並沒有一個唯一的形象」。玻爾喜歡用一句拉丁文來概括互補原理的大意，當在 1961 年 5 月間最後一次訪問蘇聯時，他曾在物理學家伊凡寧柯的書房牆壁上寫下了這句話：

　　　　Contraria non contrarictoria sed complementa
　　　　sunt.

這大致就是說「互斥並不是對立，而是互補」。一種更加簡略的說法是：

　　　　Contraria sund complementa.

其大意是：「互斥即互補」。在玻爾的「族徽」上，就用這句話作了「銘文」（motto）。

當然，試圖把一種活生生的和內容豐富的哲學思想硬塞進短短幾句話的夾板中去，然後又把那可恨的夾板尊奉為包醫百病的「成藥」，那就必將「殺死」這種思想。但是，如果一點也不許有某種稍帶概括性的敍述，那也確實會使人們感到無所適從和不得要領。其實，比較概括性的敍述還是可能的，只要別把它當作「欽定大道」就行了。

玻爾認為，我們的概念、圖景、描述方式等等，常常分成兩類，它們互成「魚與熊掌，不可得兼」之勢。就是說，當我們必須使用其中的一類時，另一類就在當時的具體條件下不出現或不成立，從而二者之間並不會出現正面衝突的狀況——它們有如「尹邢之避面」，誰也見不到對方，所以並不會真正互相撕頭髮、抓面孔地打起架來。在這種意義上，我們就說這二者是「互斥的」。另一方面，這二者又都是不可缺少的，而且往往在重要性上是不分軒輊的。當「整理我們的經驗」或「交流我們的知識」時，我們必須平等地看待它們，並結合所遇到的條件而分別地適當運用它們。只有這樣，工作才能作得「面面俱到」（即「完備」）；而且只要這樣，工作必能作得面面俱到（充分和必要的條件）。在這樣意義上，二者又是互相支持、互相補齊的。玻爾作為一種哲學觀念來理解的事物之間的「互補性」或「互補關係」，就永遠包含著這種既互斥又互補的意義，而且除了這種意義的互斥和互補以外再也不包含任何別的關係。

現在，設用A和B代表兩個不同的概念、圖景、描述方式、單詞的含意或民族文化，那麼，說A和B是「互補的」，就表示

Ａ和Ｂ之間存在着而且只可能存在着如下的關係：

> （ⅰ）Ａ和Ｂ具有相反的性質或行爲（例如分別滿足疊加原
> 理和動量、能量的守恆原理，分別具有連續性和分
> 立性，分別是分佈在一個區域中的和集中在一個點上
> 的等等）；
>
> （ⅱ）Ａ和Ｂ不能按照以前已知的任何邏輯關係來互相結合
> 成一種統一的、唯一的和完全自洽的圖景或體系；
>
> （ⅲ）但是，爲了得到所研究對象的完備的描述，Ａ和Ｂ卻
> 是同樣地不可缺少的；我們只能按照當時的條件來分
> 別準確地應用Ａ或Ｂ，或是在某種讓步下（不十分準
> 確地）同時使用Ａ和Ｂ，但卻不能一勞永逸地拋掉Ａ
> 或Ｂ。（事實往往是，具體的條件可以自由選擇，但
> 是條件一旦選定，Ａ、Ｂ的用法就不能隨便選了）。

我們指出，條件（ⅰ）和（ⅱ），表示了Ａ和Ｂ之間的特定關係的
互相排斥的一面，而條件（ⅲ）則表示了Ａ和Ｂ之間的同一關係
的互相補充的一面。關係只有一種，但方面卻有兩個。作爲科學
哲學中的或一般認識論中的特定觀念的互補性或互補原理，就永
遠包含著這樣兩個相反的方面。

　　前面提到，玻爾花了很大的精力，試著按照這種互補性的觀
點來對自然科學和人文科學中的許多問題作出了詮釋。當論及某
些領域中的某些問題時，他似乎有意無意地忽視了互補原理的條
件（ⅱ）。例如，當談到不同民族的文化時，他曾談到男人和女人
在不同文化中所承擔的任務可以恰好相反（有的男主外而女主內，

有的男主內而女主外）。這兩種情況，顯然並不是不可以並存，
卽不存在條件（ii）所規定的關係。我們可以把滿足條件（ii）
的互補關係叫做嚴格的或正式的互補關係，而把忽視了條件（ii）
的互補關係叫做寬鬆的或非正式的互補關係。作爲玻爾的科學─
哲學的創見，最重要的當然是前者而不是後者。玻爾在1947年採
用中國流傳的「太極圖」（外國人稱之爲「陰陽符號」）來作爲
他的族徽的中心圖案，目的就是用「陰」和「陽」的關係來代
表他的互補性思想（這也引導許多人作出了許多似是而非的「發
揮」）。但是，「太極圖」最多只能代表寬鬆的互補關係，因爲
它本身就是一個圖景，當然是不滿足條件（ii）的。

　　關於互補性觀點的性質，人們也有許多見仁見智的議論。玻
爾本人曾經不止一次地談到，對於自然界的描述來說，因果性概
念已經被證實爲一種「過於狹窄的構架」，必須用更加寬廣的互
補性概念來代替它了。因此他經常說，互補性概念是因果性概念
的「合理的推廣」。在這種意義上，包括在互補性觀念中的整套
思想，應該被看成描述自然現象時的一種適用的「構架」❺。和
因果性觀念相比，這套構架比較寬廣，也比較鬆散，在很重要的
結合部份被某些人認爲「脫節」，然而玻爾認爲那是不得不然，
所以是「合理的」──「我們必須和互補性一起生活下去」。

　　另一方面，從事物之間的關係來看，互補性其實是反映的一
種非常獨特的相互關係。在玻爾以前，從來還沒有人想到過會有
這樣一種關係。在被提出並得到承認以後，他在人們的理性認識
中便表現成了一種特殊的邏輯關係。

---

❺ 例如文獻〔14〕的作者就是採用的這種看法。

3. 互補性的「根源」

在前面引用的羅森菲耳德那段議論中，包括了對一些「法國人」、「德國人」和「實用主義的美國人」的某種嘲弄。例如，他說「德國人」寫了幾百頁的大書來分析互補性的不同形式以及這些形式和康德的關係。這裏所說的「德國人」，幾乎肯定包括那位玲瓏剔透的外才克爾。因為，正是他曾經提出了「平行互補性」和「循環互補性」的說法，後來受到了玻爾的反駁，而他自己也承認了錯誤。同時，他也是一個很喜歡談論康德的才子。

在玻爾思想的研究中，經常有人提到互補性的「根源」。說是說，人們很關心的一個問題是，在以往各種流派的哲學思想中，曾否出現過「互補性」觀點的萌芽或先兆。在某些人想來，這問題的答案「應該是」肯定的。於是他們就去找「證據」，並寫出了許多論述互補性的「根源」的文章。

當然，一般說來，追溯某一重要學術思想的歷史淵源，絕不能被看成一種可有可無的努力。這方面的鄭重而認真的工作者，應該受到充分的重視和尊敬。但是，如果「尋根」過於熱心或不夠清醒，那卻也很容易鬧出「想君自屬閒花草，不是孤山梅樹枝」的笑話來。這種情況，雖名家亦所不免。因為名家雖然學有根柢（浪得虛名者不算），但也不見得在每一個問題上都非常內行。如果偶爾涉足自己所不熟習的問題，那也與「新手」無異；若再自恃已有的盛名，那就更容易弄出「三十老娘倒繃孩兒」的窘境來。

美國學者霍耳頓（Gerald J. Holton, 1922- ）的一篇題為

「互補性的根源」的長文❻，常常被人們滿懷敬意地引用。霍耳頓的盛名，想來也不完全是「倖致」，但是他這篇「科學思想史論文」，卻很難當「治學謹嚴」的妙評——恰恰是很不「謹嚴」!

霍耳頓下了很大的功夫來追尋玻爾互補性思想的根源。這種根源可以從兩個方面去尋索，即從物理學的方面和哲學思維的方面去尋索。在物理學方面，霍耳頓從畢達哥拉斯學派 (Pythagorean school) 開始討論了人類對光的本性的認識。不過，這一類的探索很快就被放棄了。因爲，如果把「網」撒向光的本性之類的問題，則追尋的範圍必將遠及於人類知識的全部。那就好像說一株植物的根鬚遍佈於整個地球，其意義顯然是不大的。

至於傳統哲學方面的「根源」，霍耳頓提到了 P. M. 繆勒 (Poul Martin Møller, 1794-1838)、詹姆斯(William James, 1842-1910)、玻爾的父親、赫弗丁 (Harald Høffding, 1834-1931)、基爾凱郭爾 (Søren Kirkegaard, 1813-1855)。這張名單是怎樣排出的? 根據的順序是什麼? 實在令人百思不得其解。在每一個人的名下， 都進行了一些介紹和分析。但是所有的內容，可以說完全屬於「拾人牙慧」的範圍，沒有任何新發現，沒有任何眞知灼見，而且論述的編排頗有紊亂之感。

霍耳頓的文章，最初是在 1970 年問世的，比雅默爾的《量子力學的概念發展》一書晚了四年，但是他的議論所及，完全沒

---

❻ 見〔29，115-161〕。中譯本見許良英編的霍耳頓《科學思想史論文集》，河北教育出版社 1990 年版。這本書的譯文中錯誤甚多，例如將 "the mid-1920's" 譯成「十九世紀二十年代中葉」（那時連麥克斯韋都未出生， 如何會有量子理論？），譯者無腦，校者也未看出。

有越出雅默爾的範圍，只是把文章寫得更長了許多而已。雅默爾是一位很有頭腦而又學識淵博的學者，研究一個問題，他常常能找出一些新的資料，但是他的某些結論，有時也不見得眞正可信（例如關於玻爾「反對」愛因斯坦光量子假說的結論）。他在書中寫道〔18, 172-173〕:

> 毫無疑問，現代存在論和新傳統神學的丹麥先驅人物索林·基爾凱郭爾，通過他對玻爾的影響而在某種程度上影響了現代物理學的進程。

這話也可謂說得很「大」。此外他當然也提到了赫弗丁，認爲此人對玻爾的影響更加「毫無疑問」。他也同樣提到了P.M.繆勒和威廉·詹姆斯。

　　找到這些人的名字是一點也不困難的，因爲玻爾在通信和著作中提到了他們。但是，如何分析這些人對玻爾的影響，確認影響的標準是什麼，卻不是很容易講淸楚的。雅默爾是研究物理學思想史的「大家」，但卻不是研究玻爾思想的「名家」。在他看來「毫無疑問」的一些事情，在別人看來卻「很有」疑問。

　　丹麥奧登塞大學的哲學敎授大衞·否爾霍耳特見到過玻爾夫人，有機會隨時參閱 NBA 中的原始資料，他對丹麥的事情也比外國人懂得要多得多。他曾經考察了上述那些人和玻爾的思想淵源，結果發現，作爲眞正的哲學思維的影響來看，不要說繆勒和詹姆斯，就連基爾凱郭爾和赫弗丁也對玻爾沒什麼顯著的影

響❼。換句話說，互補性的思想其實並沒有什麼值得一提的歷史
「根源」，前人的議論多屬牽強附會。這代表和滿世界找「根源」
的辦法恰好相反的另一個極端，似乎也稍有過分之處。按照否爾
霍耳特的說法，玻爾年輕時提到過基爾凱郭爾，但那主要是欣
賞他的風格而不是贊同他的觀點。這種說法得到了玻爾夫人的證
實。至於赫弗丁，玻爾對他也只是像父執和師長那樣尊重罷了。
否爾霍耳特的學生延‧法依，不同意否爾霍耳特關於赫弗丁的結
論，他們二人開展了一番學術辯論❽。

　　此外，在另外那個極端上，也曾有人試圖從更多的地方去找
互補哲學的「根源」，例如設法把玻爾和斯賓諾莎、康德、黑格
爾、馬赫等人聯繫起來，然而那些「聯繫」顯得更加虛幻和脆
弱，在此可以忽略不計!

　　看起來，大家都無異議的，只有玻爾的父親對玻爾的思想影
響。然而到底如何理解這種影響，恐怕也未必很容易講清楚。

　　現在讓我們簡單地談談這些人和玻爾的關係。

---

❼ 見 Devid Favrholdt, Niels Bohr and the Danish
Philosophy, *Danish Yearbook of Philosophy*, **13** (1976),
pp. 206-220; The Cultural Background of the Young
Niels Bohr, 作者寄贈的打字稿，原爲 1985 年在羅馬（紀念玻
爾百年誕辰的會上）發表的一篇演講。

❽ Jan Faye, The Influence of Harald Høffding's Phil-
osophy on Niels Bohr's Interpretation of Quantum
Mechanics, *Danish Yearbook of Philosophy*, **16**(1979),pp.
37-72; D. Favrholdt, On Høffding and Bohr, A Reply
to Jan. Faye, 同刊同卷，pp. 73-77; Jan Faye, The
Bohr-Høffding Relationship Reconsidered, *Studies in
History and Philosophy of Science*, **19** (1988), no. 3, pp.
321-346, 1988 年，本書作者在哥本哈根時曾在 NBI 的午餐桌上
傾聽他二人的口頭辯論。

　　玻爾的父親是一位思想開明的生理學家。他從孩子們很小時起就注意培養了他們多方面的興趣。他喜歡文學，在學術討論中有時引用大段的歌德詩篇來論證自己的觀點。他很注意十九世紀以來生物學中的機械論和活力論之爭，但他並不絕對地排斥其中的任何一種學說。這種情況自幼培養了玻爾對生物學問題的興趣。人們發現，玻爾晚年那些關於機械論和活力論的議論，是和他父親的見解息息相通的。但是，玻爾的父親並沒有稍微明確的關於互補性的看法，他只是在人生態度和科學思想方面陶冶了玻爾而已。因此，尋找互補性的「根源」也就不容易找到他那裏去，而若眞正用否爾霍耳特教授的標準來衡量，這樣的「影響」也未必能得到承認呢!

　　如果在上述的意義上承認（大家沒有否認）父親對玻爾的影響，恐怕就不能不同樣承認赫弗丁對他的影響。在這方面，否爾霍耳特教授未免有點「膠柱鼓瑟」。

　　赫弗丁是一個豪放、樂觀和博學的人物，他是玻爾父親的摯友。他喜歡基爾凱郭爾的哲學觀點，不贊成建立什麼哲學「體系」，他說：「體系有興衰，問題卻常在。」這種非公理化的態度，後來在玻爾的著作中表現得相當明顯。在其他的方面，影響也應該是存在的。玻爾在不止一個場合下承認過赫弗丁對他的影響❾。在他住在卡爾斯伯榮譽府中的期間，赫弗丁的大幅畫像一直掛在他的書房中❿。但是赫弗丁不是自然科學家，他的科學基

---

❾　參閱文獻〔1〕的即將出版的第十卷，第二編。
❿　玻爾在卡爾斯伯榮譽府內的書房中只有兩張大幅的畫像，一張是他父親的，另一張是赫弗丁的。此外還有一些其他親人的畫像或照片，包括他母親的和他弟弟的小照。但這並不說明玻爾把赫弗丁看得比他母親還重要。畫像的大小並不一定說明什麼問題。另外，在玻爾搬入以前，榮譽府的住戶本來就是赫弗丁，說不定他的畫像本來就掛在府中的什麼地方。

礎比較薄弱。玻爾也曾說過，赫弗丁的科學知識不夠，不足以
處理當時出現在科學中的形勢和問題。因此他和玻爾的交談，一
般只停留在哲學的思辨上，不像掌握嚴密科學知識的玻爾父親那
樣，能夠用更有說服力的方式來論證自己的見解。否爾霍耳特更
加爭論說，玻爾沒有和赫弗丁進行過「連續不斷的討論」，而現
在的文獻也不能證明玻爾關於心理學等等的見解是來自赫弗丁。
因此，影響雖然是有的，互補性思想的「根源」卻未必能追到赫
弗丁那裏。

　　如果連赫弗丁都不過如此，別的人就更不在話下了。玻爾
在上大學時確實曾在寫給他弟弟的信中讚揚過基爾凱郭爾的一本
書，而且買了那本書作為送給他弟弟的生日禮物。另外，正如在
上一章中談到的那樣，他在晚年的著作中還曾引用 P. M. 繆勒
的作品來很風趣地論證自己的觀點。然而，根據否爾霍耳特等人的
考證，玻爾對這兩位作者的讚賞，主要不是在他們的哲學觀點方
面。J. 卡耳卡爾(Jørgen Kalckar, 1935-)寫道〔1,6,XXII〕：

　　　　那完全是在技巧方面，是以風格和語言的靈妙性為中心的。
　　　　在他的晚年，當我和他討論這一主題時，情況肯定是如此
　　　　的。但是我也通過和馬格麗特·玻爾夫人的交談了解到，
　　　　甚至在很早的時期，當她初次遇見她的丈夫時，情況就是
　　　　如此的了。大衛·否爾霍耳特在他的細心研究中徹底篩選
　　　　了雅默爾的論點。雅默爾相信自己發現了基爾凱郭爾和赫
　　　　弗丁對玻爾的思維的強烈影響，而否爾霍耳特却沒有發現
　　　　任何這種影響的任何證據。

　　否爾霍耳特和卡耳卡爾都沒有認真討論威廉・詹姆斯對玻爾的思想影響。此事也頗多疑點。玻爾在逝世前接受 AHQP 的訪問時曾經說過，他在第一次去英國（1911 年）以前就讀過詹姆斯的書，但是羅森菲耳德則堅決聲稱，玻爾在 1932 年以前還沒有讀過詹姆斯的書（1932 年他收到了詹姆斯的贈書）。兩個人都是在晚年的回憶中談起此事的，從而都可能有誤記之處。至於別人的議論，那就更加不可靠了。例如有一位作者說，「德國科學家們記得」玻爾「經常引用」詹姆斯，但他沒有指明那些德國科學家到底是誰，從而也就無從對證。假如此事屬實，則「非德國的」科學家們，玻爾那些最親密的師友弟子們，也應該聽他「經常引用」過，但是他們從來不「記得」那種情況。霍耳頓從詹姆斯有關心理學的著作中找出了一些論述，認為和玻爾的互補性觀點有相通之處。但是這種結論很可能來自霍耳頓對玻爾的誤解，因為稍微仔細分析一下就可以看出，詹姆斯的那些論述，其實是和玻爾的觀點關係很小的。人們為什麼對詹姆斯如此感興趣呢？那只是因為玻爾在一篇涉及心理學的文章中提到了詹姆斯的「意識流」概念。然而那篇文章屬於玻爾的後期著作，時間遠在 1927 年他正式提出互補性觀點之後，因此也就根本不能當作尋求互補性「根源」的目標。

　　再講下去，話就扯得更遠了。霍耳頓等人還談到「互補的」（complementary）一詞的來源，例如幾何學中「補角」（complementary angles），詹姆斯的《心理學原理》中也描述過「互補的」心理學現象等等。另外，本書作者在和否爾霍耳特教授閒談時還聽他談起過心理學家 E. 魯賓（Edgar Rubin, 1886-1951）。魯賓是玻爾的老同學和黃道社老社友。據說他曾經設計

了一種圖案，那是在一張黑紙上剪出的一個白洞，只看空洞部份，那像是一個花瓶的輪廓；若看剩下來的黑紙部份，則又似乎是兩個面對面的人頭的側面像。其實這一類的圖案也很多，並不自魯賓始。否爾霍耳特似乎覺得，這種圖案的黑、白二部有種「互補的」意味。所有這些看法，霍耳頓的和否爾霍耳特的，顯然都和真正意義的玻爾互補性拉不上關係。

卡耳卡爾曾經強調過〔1,6,XX〕：

> 必須記得，不論他的哲學思維有多大的範圍和強度，玻爾（和海森伯或封‧外才克爾那樣的學者相反）是從來不曾在哲學上有過任何傳統的學院式的背景的，而且他對來自「職業」哲學家的教誨肯定是並不尊重的。

確實，愛因斯坦常常提到斯賓諾莎、海森伯和外才克爾喜歡談論康德，而玻爾在自己的學術著作中卻幾乎從來不提「職業」哲學家的大名。這是他的一個非常突出的特點。在寫給泡利的一封信中，玻爾表示對多年以來的詭辯哲學、經驗哲學和實在論哲學等等流派在討論許多問題時的那種「精巧性」頗感讚賞和欽佩，但是他說：「我卻以為那樣一些努力是和我們的工作沒有直接聯繫的。」⑪有一次，玻爾和羅森菲耳德談起了他的早年哲學思索和1912-13 年的開創性工作，他用一種特別鄭重的口吻對羅森菲耳德說⑫：

---

⑪ 轉引自第一章注❺中的文獻。
⑫ 注❻所引霍耳頓文章的 p.138。

而你也一定不要忘記，我是完全單槍匹馬地得出了這些想
法的，我沒有從任何人那裏得到過任何幫助。

後來羅森菲耳德也說過，玻爾不曾受到過「像古典的哲學問題那
樣含糊不清的任何東西的吸引」，這是他的天性，「他的興趣只能
被某種具體的、鈎畫得很清楚的、足以抓住他的想像力的局勢所
喚醒」❸。

總之，別人對玻爾的一般影響是一回事，玻爾互補性思想的
歷史「根源」是另一回事。如果考慮的是一般影響，則除了已提
出的幾個人以外，肯定還應有許許多多別的人，例如他的母親、
他的姨母茵娜・阿德勒、他的弟弟、乃至他的外祖母，此外當然
還有他的同學們、他的師長們，例如他的博士導師克里斯蒂安森，
以及 J.J. 湯姆孫、盧瑟福、洛侖茲、奧席恩、普朗克、愛因斯坦
和艾倫菲斯特等等。歷史上的偉大物理學家如伽利略、牛頓、奧
斯特、法拉第、麥克斯韋等人的影響也絕不是很小。甚至連態度
最慎重的否爾霍耳特也談到了丹麥的文化傳統和社會形勢對玻爾
的影響。考慮到這方面，那就要提到歌德、狄更斯、安徒生、賽
尚、冰島傳奇等等。但是，另一方面，如果考慮的是互補性思想
的歷史「根源」，那卻不能胡扯。只要還能夠按照互補性觀點的
原始含意來理解它，只要不對玻爾的思想和別人的思想進行望文
生義的或隨心所欲的「改纂」，那就似乎很難在前人的思想中真正
找到互補性觀點的比較清楚的「影子」了。也許倒是應該承認，
玻爾通過提出「互補性」這一基本而普遍的觀點，揭示了事物之

---

❸　同第一章注❶。

間的一種別人誰也沒有想到過的前所未知的關係；因此，要想在人類思想史中追溯這種關係的「根源」，就不可能得到什麼值得自慰的成果，說不定只落個「可憐無『補』費精神」吧！換句話說，互補原理或許也像對應原理一樣，「我們在從前的物理學、哲學、心理學、宗敎或任何別的領域中都找不到和它相像的任何東西」⑭。

4.　互補性和「東方文化」

許多人相信玻爾的互補哲學和「東方的」某些古聖先賢的思想頗有淵源。此種印象，雖羅森菲耳德亦所不免，然而此事也是「查無實據」。現在略加論列，目的是和羅森菲耳德水平的學者們同析疑義。近些年來，國內外出現了一大批「易學家」、「新道家」、「東方神秘論者」和「大氣功師」，玻爾和他們不相爲謀，我們亦然。

羅森菲耳德說，當他在六十年代初期訪問日本時，他在京都的湯川研究所中問過湯川秀樹 (Hedeki Yukawa, 1907-1981)，日本的物理學家們在接受和消化互補性概念時，曾否像他們的西方同行們那樣感到十分困難。湯川說：「不曾，在我們看來，玻爾的論點一直是相當淸楚的。」當羅森菲耳德表示驚訝時，湯川又面帶微笑地說：「你知道，在日本，我們不曾受過亞里士多德的腐蝕。」⑮

湯川是一位舊派的日本學者，不趕時髦，不幹「革命」。他

---

⑭　同第三章注④。
⑮　同注⑬。

幼年頗受「漢學」教育，讀過孔、孟之書，後來又喜歡老、莊哲學，但是對於玻爾的思想，卻不曉得他到底有多少瞭解。

美國理論物理學家 J.A. 惠勒，也可算是玻爾的弟子。他在 1981 年訪華時曾經說過⑯，這次到中國，

> 一路上我都似乎在感到我是用兩雙眼睛在看，用兩雙耳朵在聽。一雙眼睛和一雙耳朵是我自己的，而另一雙眼睛和另一雙耳朵是玻爾的。

他談到了玻爾在 1937 年對中國的訪問，談到了玻爾用「陰陽符號」來象徵性地表示互補性。他說：

> 在西方，互補性觀念似乎是革命性的。然而玻爾很高興地發現，在東方，互補性觀念卻是一種自然而然的思想方法。

以上我們曾經談到，卡耳卡爾指出，玻爾很少提及西方「職業哲學家」的名字。卡耳卡爾接着卻說：

> 相反地，玻爾卻受到了孔子、老子、蘇格拉底或斯賓諾莎之類的真正「人生哲學家們」的深深吸引；在他們詮釋人生條件的共同努力方面，他是把這些人和偉大的詩人們以及釋迦牟尼或古猶太先知之類的宗教思想家們等量齊觀

---

⑯ 同第六章注④，譯文有改正。

的。在談話中，他常常會用一種人來衡量另一種人，而且常常傾向於相信詩人們具有更深刻的理解力。

在這裏，卡耳卡爾談的是別人對玻爾的一般思想影響，而不是互補性思想在「東方文化」中的「根源」，因此他的見解和前兩個人的見解是有區別的。然而，他的態度至多可以作爲我們的一種「旁證」。

說到互補哲學和「東方文化」的關係，當然最主要地還應該以玻爾的原始論著爲據。這時最值得注意的，就是「人生在世既是觀衆又是演員」的那種說法。在我們所曾見到的玻爾著作中，這種說法先後出現過三次。當第一次提到時（1929 年），玻爾把它說成新形勢使我們想到的一條「老眞理」。當第二次提到時（1945 年），他把它說成「古代東方哲學中的一條訓誡」。當第三次提到時（1960年），他又把它說成由「表現在中國哲學中的那些互補關係」提醒我們想到的一種情況。就這樣，隨着三十年時間的推移，那條「老眞理」越來越靠近了「中國哲學」。

於是就有人說（推測而無根據），那句話起源於一句中國詩詞。說到詩詞，我也勉強算一個「業餘愛好者」，但是搜索枯腸，回憶自幼至老讀過的篇章，檢視能夠到手的古人詩集，卻找不出任何一句可以和那條老眞理「若合符契」，於是又寫信去問一位我所最尊敬的博學前輩。他的學識是無人不景仰的，但他在回信中也舉不出具體的答案。不過他的見解很有道理。他說，外國人引述的「中國古語」，不一定眞是中國的；引述者可能理解有誤，也可能記憶失眞或以訛傳訛，我們也只能姑妄聽之而已。事實上，像羅森菲耳德那樣思想開朗的人，也曾認爲這條「老眞

理」不一定果眞起源於「東方哲學」，而很可能還是起源 P.M.
繆勒那本小說。於是，追索的結果就是「沒有結果」。

其次就是那個許多人津津樂道的「太極圖」了。那當然毫無
疑問是「中國的」，而且至今在丹麥相當流行，而且中外各種
「易學家」也能從中看出衆多的「道理」來。然而那又怎樣？我
們已經分析過，「太極圖」所代表的陰陽思想，其實和玻爾的互
補性概念是相去甚遠的。只因當年玻爾「實逼處此」，他需要一
個圖案來畫在自家的族徽上，那就只好放鬆一下「不能結合成統
一圖案」的條件。正是在這種「兩難局面」下，他才不得已而採
用了尚稱有趣的「太極圖」❼。如此而已，再多說便成「蛇足」
了。

玻爾引用過一兩個佛教中的故事，然而那也只是「以資談助」
而已，並沒什麼「深奧的眞理」寓乎其中。他還講過一個據說是
來自「中國」的「三人嚐醋」的故事，但這個故事並不見於他的
正式論著，而只見於別人對他的回憶。故事說：三個中國學者一
起嚐醋；悲觀之士曰：「其味苦」；儒家之士曰：「其味酸」；
道家之士曰：「其味爽（refreshing）」。這是故事的「原本」。
在一本玻爾傳中❽，把三個嚐醋的人指認成孟子（約 372-298

---

❼　按照羅森塔耳博士的回憶，當年是一位「漢學家」建議玻爾採用
　了「太極圖」作爲族徽的中心圖案的，見文獻〔8〕。後來羅森
　塔耳親口告訴我，那位「漢學家」就是他的夫人柯漢娜（Hanna
　Kobylinski）。她是從德國逃到丹麥的流亡學者，近年來用丹
　麥文寫了兩卷《中國史》，現正撰寫第三卷。在該書的第一卷（
　p.29）中，也印有「太極圖」，然而卻是「橫」印的（即偏側了
　90°）。我懷疑，也許玻爾在 1937 年訪華時已見過「太極圖」，
　不一定全出漢娜女士的建議。

❽　即文獻〔11〕。

B.C.)、孔子（約551-479 B.C.）和老子（約 571-478 B.C.），
鬧出了「關公戰秦瓊」的笑話。且說這個掌故是否見於某部中國
古書，我也查不出結果。假如曾經見於某書，那也多半是一部
很偏僻的、不重要的書（例如「筆記」之類），而玻爾接觸到那
本書的可能性當然也就是很小的。因此，這個故事果真起源於中
國的可能性也就微乎其微。另外，「爽」字的翻譯也大有問題。
《老子》中有云：

> 五色令人目盲，五音令人耳聾，五味令人口爽。

三個副句相參，可知這裏的「爽」字絕不是 refreshing 之意。
此字一向訓為「傷敗，敗壞」，應該是不錯的。由此可見，即使
中國某書上真有「三人嚐醋」的記載，故事的真義也是和玻爾他
們的理解大不相同的。

　　據說玻爾在和少數親密友人談話時是很坦率、很幽默的，不
像寫文章時那樣地字斟句酌。卡耳卡爾說，玻爾向來很注重那些
扣人心弦的表達方式，很注重那些餘味無窮的妙辭雋語；每當聽
到一句這樣的話，他就會記下來，而且以後他還會在稍加變動的
形式下多次地加以運用，「甚至當他在多年以後已經記不清它的
最初出處時也是如此」。這時卡耳卡爾特別指出〔1,6,XXI〕：

> 所謂「東方智慧」的地位，就可以作為這種情況的一個例
> 證。玻爾自己曾經告訴過我們，當他在 1937 年周遊世界
> 的期間見到了日本和中國的古老文化時，他曾經得到了一
> 種多麼深刻、多麼持久的印象。然而，要在他的思維和寫

作中追索這次經歷所引起的影響，那卻確實是不可能的。

然後他就指出了，所謂人生在世既是觀衆又是演員的說法，可能並非起源於「東方哲學」而卻起源於繆勒那本書，因爲那本書中確實有「但是觀衆還一次又一次地變成演員」的話頭。

綜上所述，我們實在找不出互補哲學和「東方文化」有什麼密切關係的證據，而玻爾所提到的「東方文化」也不見得果眞就是人們通常理解的那種東方文化。那麼，爲什麼許多人都宣稱玻爾的思想有很大的「東方味兒」呢？我們認爲，除了一些主觀臆測、粗枝大葉、亂拉關係和強不知以爲知的影響以外，玻爾本人的性格和風格也有一定的關係。從許多方面來看，玻爾在西方人中確實應該是比較易於接近東方文化的一位思想家。此事可以「意會」，說來話長。我們只想指出，例如愛因斯坦和玻爾都只到過中國一次，但是我們可以相信，中國的一切給玻爾留下的印象要比給愛因斯坦留下的印象更深得多。

那麼，咱們中國古語中的「相輔相成」或「相反相成」之類的說法呢？那不是和互補性有點相像嗎？那也不見得。「相輔相成」沒有互斥的含意，故與互補性大不相同。「相反相成」的兩方面仍然是在「統一的圖景」中進行著「反」和「成」的「相互作用」，故與互補性也有「本質的區別」。除此以外，在中國古人那種變動而模糊的思想中，就更加難以找出互補性的「根源」或「前身」了。

不過，如果拋開那種探本溯源的雄心而只談一般的思維傾向，我們卻想試著提出一種「未經人道」的觀點。羅森菲耳德把互補哲學說成「正確使用言詞的優美藝術」，也自有他的見地。

玻爾平生最注意事物之間的「均衡」(或「和諧」,或「對稱」)。寫起文章來,他特別下功夫的也在於追求表達方式的適當分寸,務求銖兩悉稱, 避免「過」與「不及」。 我們覺得, 這種態度也許和我國的「中庸」思想 (當然是指正確理解下的中庸思想) 不無相通之處。在這裏, 我們只是說兩種思想也許有一些類似之處, 當然不是主張玻爾哲學「起源於」儒家的經典!

5.　互補性概念的發生和發展

以上我們論證了, 在人類思想史的長河中追溯互補性觀念的源頭或濫觴, 看來是一件類似「緣木求魚」的工作。另一方面, 追溯這種觀念在玻爾本人思想中的最初萌芽和後來的發榮滋長, 卻顯然是一件更有意義得多的事。然而此事卻也大非容易。

雅默爾寫道〔18, 345-346〕:

> 玻爾對波粒二象性的承認, 以及他關於如何與之相適應的一些最初想法的一種早期論證, 包括在一篇論文的長達四頁的後記中。那篇論文寫於1925年 7 月間。

這是指的〈論原子在碰撞中的表現〉一文的後記〔1, 5, 175-206〕。在他的書中, 雅默爾給自己提出的任務, 是研究量子力學在概念上的發展。 但是, 當談到互補性這一重要觀念的「創生」時, 他只追溯到 1925 年這篇文章, 這顯然是很不夠的。

事實上, 有相當的證據表明, 關於互補性的初步想法, 在玻爾的思想中出現得要更早得多。如果像雅默爾那樣當講到「矩陣

力學的興起」時能講一大篇數學矩陣史，對於也許是量子力學中最重要概念的互補性這一概念，就不應該研究得如此草率。

下面我們對此略作補充。

卡耳卡爾寫道〔1,6, XIX〕：

> 我們許多人都記得，玻爾怎樣告訴過我們，他從能够記起的時候開始就已經喜歡「夢想偉大的相互關係」了。

玻爾去世前接受 AHQP 的採訪時的談話紀錄，也提到了類似的情況。這些雖然都已是晚年的回憶，但畢竟還是很重要的資料。卡耳卡爾認為，玻爾父親的影響，可以說是幼年玻爾的「最強的單一外在動力」。如果相信這種說法，我們就可以推測，大約在玻爾入大學（1903 年）以前，他已經通過生物學問題的思考而在心中形成了類似於互補性觀點的初步想法。

在大學中，玻爾參加了學生團體「黃道社」（約 1905 年），逐漸成了在哲學問題和科學問題的討論中舉足輕重的人物。根據他自己和某些社友的回憶，那時他的哲學思維已經凝聚成了一種普遍的認識論觀點，以致他在畢業以前就已經計畫寫一本哲學書了。後來書雖沒有寫成，但玻爾一直不能忘懷這件事。在逝世前一天接受 AHQP 的採訪時，有人問起那本書當時在他生活中佔什麼地位，他回答說：「在某種意義上，它就是我的生活〔本身〕。」考慮到玻爾思想的「持恆性」特徵，我們可以推測那時他心中已經有了比較成形的互補性觀點。這種情況也可以從另一方面得到支持。在美國被認為是「玻爾專家」的皮特森（A. Petersen）寫道〔15,299〕：

　　玻爾從來不把他的哲學說成是他自己的。他總是把它說成
一種應該從量子力學得出的普遍教益。不過，在量子力學
發展起來的不久以後，當他把這種普遍的教益向他的老朋
友心理學家艾德迦·魯賓進行講述時，魯賓卻回答說：「
是的，這是很有趣的，但是你必須承認，你在二十年前就
說過完全相同的話。」事情會不會真是這樣的呢？

同樣的故事也由別人述說過，內容大同小異。有的人甚至把時間
具體地說成 1927 年。那也是很可能的。那一年正是「在量子力
學發展起來的不久以後」，而玻爾也正是在那一年發表了「科莫
演講」並和愛因斯坦進行了第一次的當眾交鋒。如果這一情況屬
實，則從 1927 年上推「二十年」就到了 1907 年。那時玻爾還
沒有開始寫他的碩士論文，正是參加「黃道社」活動的年代。如
果那時他已有了和 1927 年的觀點「完全相同」的觀點（當然還
不可能聯繫到量子力學的具體實例），那豈不是一件相當驚人的
歷史事實嗎？（附帶提到，那時測不準原理的發現者海森伯還只
有六歲。）

　　玻爾的某種類似於互補性觀點的想法，現在有文獻可查的最
早流露是在 1910 年。那年 6 月 26 日，玻爾在寫給他弟弟的一封
信中提到，當時他有幾件高興的事，但是說不出自己對哪一件事
最感高興。於是他寫道〔1, 1, 511-513〕：

　　　　也許，唯一的答案就是，感情也像認識一樣，是必須安排
　　　　在不能互相比較的平面上的。

從他的口氣來看，這想法絕不是第一次提出，否則他必將作些解釋，不然他弟弟如何能懂？現在這樣突如其來地說了一句，唯一的可能就是他們之間早就討論過，知道什麼是「不能互相比較的平面」了。這就進一步支持了前面的那種推測，即玻爾在大學低年級時（約 1905-07 年）就已有了類似於互補性的觀點。

關於「不能互相比較的平面」的說法，和玻爾晚年的某些論述如出一轍，都是從數學中所謂「黎曼面」的概念引申而來的。所謂「黎曼面」是複變函數理論中的一種假想的平面，由許多個（無限多個）在某點相互黏連的「葉」面組成。一個多值函數的不同的值，被設想爲分佈在不同的「葉」上。於是，在同一個「葉」上來看，函數就顯現爲單值的。但是，只有把每一個「葉」都考慮在內，才能對函數的性質得到全面的理解。當進行具體的計算時，必須把注意力集中在一個選定的「葉」上。如果不自覺地從一個「葉」滑到另一個「葉」上去，計算就會出現混亂。在這種意義上，玻爾就說不同的「葉」面是「不能互相比較的」。

我們可以設想有 12 個大學生（代表黃道上的「十二星座」）。他們剛剛在數學課上學了「黎曼面」的概念。當在咖啡館中討論到數學以外的問題時，他們就借用了「黎曼面」的概念來表達自己的想法。這在知識份子中是極其常見的現象。因此玻爾才在給他弟弟的信中寫了那句話。外人覺得莫名其妙，他們自己則是不言自明的。

玻爾很欣賞這種比喻性的表達方式。在他的後半生中，他還常常用這種方式來闡述自己的思想。他常說，人類思想中的概念或語言中的單詞，都有許多不同層次的內涵。可以認爲，這些不同層次的內涵，是排列在一些不能互相比較的「目的性平面」

（planes of objectivity）上的。 當我們討論問題而具體使用某一概念或單詞時，必須時刻留意，不要讓自己的思想從一個平面滑到另一個平面上去。在這種意義上，同一個概念或單詞的不同層次的內涵是「互斥的」（不能同時應用）。另一方面，在適當的條件下，每一個層次的內涵都是有用的和不可缺少的。在這種意義上，所有各層次的內涵就都是「互補的」了。由此可見，「黎曼面」概念的借用，事實上形成互補原理的表述方式之一。

當在 1962 年 11 月 17 日（逝前一日）最後一次接受 AHQP 的採訪時，玻爾一邊在黑板上畫圖一邊談論了他的互補原理。因此， 在他第二天逝世以後， 他的工作室黑板上還保留著兩幅草圖： 一幅代表的是適用於某一函數的「黎曼面」，而另一幅則代表的是「愛因斯坦光子盒」。 我們知道，「 黎曼面」概念的借用由來已久， 而「光子盒」的討論則代表了愛因斯坦—玻爾論戰中的一大高潮。 因此， 羅森菲耳德就在紀念玻爾的文章中寫道[19]：

> 就這樣，通過玻爾本人的手，命運之神就好像給我們留下了一種最後的符號紀錄，表示著玻爾那些關於互補性的思想的起始和高潮。

羅森菲耳德的文章刊登在美國期刊《物理學今日》的玻爾紀念專號上，那期專號的封面上就印了這兩幅草圖的照片。

促使玻爾關於互補性的思想漸趨成熟的一個重要因素， 就是

------

[19] 第一章注[1]所引文章中最後插圖的說明。

對於古典物理學概念在微觀領域中的應用條件及局限性的認識。早在他的博士論文中（1911 年），玻爾就已明確地得到了這種認識。這種基本概念上的「讓步」，在 1913 年「偉大的三部曲」中得到了巨大而具體的發揮。可以相信，這種科學上的大突破，肯定有力地推動了他的哲學思想的進展。我們認為，說到底，玻爾一生的最大精力是用到了物理學方面的，從而他在物理問題中的探索，也應對他的哲學思想的發展最有決定意義。不承認這一點，過多地注意其他問題（例如生物學問題或心理學問題）對他的影響，就有可能走到本末倒置或買櫝還珠的歧途上去。

　　1913 年 12 月 20 日，玻爾向哥本哈根的物理學會發表了一篇題為「論氫光譜」的演講〔1,2,238-303〕。他把古典電動力學的基本內容，說成了「一套驚人地自洽的觀念」。在演講中，玻爾充份展示了自己的理論和那套自洽的觀念衝突到何等的地步。他在演講的最後說：

　　　　另一方面，通過強調這種衝突，我曾經試圖使諸位得到一
　　　種印象：隨著時間的進展，在新的概念中發現一定的自洽
　　　性也或許是可能的。

羅森菲耳德曾經指出，這句話也帶有「驚人的先知性」，他並且說，這句話最明確地表示了玻爾早期思想的「辯證轉折」。

　　1916 年，愛因斯坦運用「幾率」的概念來處理了熱輻射問題。在同一年，玻爾的對應原理也已基本上醞釀成熟；在對應原理中，幾率的應用是不可缺少的。如所周知，最初使用了幾率概念的愛因斯坦後來一天天走上了堅信原子過程中的決定論的道路，

倒是玻爾越來越自覺地看到了因果描述在原子領域中的局限性或有條件性。承認這種根本意義上的局限性或有條件性，並積極地尋求「更寬廣的」描述方式，這更是引導玻爾達到更明確的互補性思想的重要線索。

1920 年 2 月 13 日，玻爾在丹麥王國科學院發表了題為「論光和物質之間的相互作用」的演講〔1,3,227-240〕。這是一篇很可注意的演講[20]。當時人們當然還沒有「物質波」的概念，但是玻爾卻在這篇演講中很有眼光地分析了粒子概念和波動概念之間的衝突，甚至幾乎觸及了後來才出現的「物質波」的概念。他很自覺地強調了光和物質的統一性。他說：

> 我們必須承認，在目前，我們對於光和物質之間的相互作用是完全沒有任何真正的理解的；事實上，在許多物理學家看來，不在我們迄今企圖據以描述自然現象的那些觀念方面引入深刻的變動，就幾乎不可能提出能夠同時說明干涉現象和光電效應的任何圖景。但是，我在下面卻將指出，不必在細節上形成關於光和物質之間的相互作用是怎樣進行的任何觀念，似乎也能夠利用通過以上概述的發展而贏得的經驗，來提出關於這一相互作用的某些方面的某些說法；而且我們即將看到，在我們有意識地放棄我們的圖景中那種像電磁理論那樣的理論體系所表現的內在緊密性的同時，我們怎樣就能達到已經證實為該理論所不能給

---

[20] 關於這篇演講，我曾寫過一篇短文進行了較詳細的分析；該文題為"On a Lecture by Niels Bohr"，曾在第十七屆國際科學技術史會議 (1985，美國，伯克利) 的分組會上宣讀。

出的東西……。

在這裏，儘管他仍然寄希望於某種圖景，但那顯然已經是一種廣義的「圖景」，大約有點近於他後來所說的「概念構架」了。關於在（古典的）基本概念方面作出深刻變動的必要性，他的態度也比十年以前更加明朗了。特別是那種「放棄圖景中的內在緊密性」的說法，已經和後來的說法一脈相承，可以看成互補性概念的某種原型（prototype）了。

1920 年 4 月間，玻爾訪問了柏林，在那裏第一次見到了愛因斯坦。他們互相尊重，互相欽佩，但是在有關物理學和哲學的許多基本觀點上卻發生了很大的分歧。可以想見，那時玻爾對因果原理的局限性和非根本性已經更加深信不疑了。

在一份大約撰於 1921 年的文稿中，玻爾提到，對於原子問題來說，

> 解釋的真實性問題也許就在比其他科學領域中更高的程度上僅僅是一個內在合理性和內在諧和性的問題了〔1,3,400〕。

這句話反映了玻爾關於什麼是科學解釋的看法，他強調了微觀事物的抽象性，認爲「解釋」不一定要和直觀形象相聯繫。1922年，玻爾在他的題爲「原子的結構」的諾貝爾受獎演說的結尾部份〔1,4,482〕，論述了對原子現象的所謂「解釋」應該如何理解。他認爲，普通意義下的「解釋」，一般被理解爲藉助於和一個其他領域中的觀察結果相類比來對所研究的領域中的觀察結果

進行系統化；在這樣作時，所用的那個「其他領域」，一定是一個比較簡單的和瞭解得很清楚的領域，例如常用的古典力學領域就是這樣的。但是，從它的本質來看，原子領域（相對於宏觀領域來說）就是一個最「簡單」、最基本的領域。因此，玻爾就指出，關於原子現象的「解釋」，我們的要求就必須更加「謙虛」一些。他說，我們必須滿足於某種「形式化」（或「符號性」）的概念，這種概念「並不能提供人們在自然哲學中處理的一些解釋所要求的視覺形象」。在這裏，玻爾闡述了他所理解的所謂「科學解釋」的特點和眞義，這也是他的科學哲學思想的一個重要的組成部份㉑。

在一篇大約寫於 1923-24 年的稿子中，玻爾又提到了光量子理論和古典電磁輻射理論之間的不相容性。他寫道〔1,3,571〕：

> 最可能的是，出現在兩種如此不同的光的本性觀念之間的那種裂縫，乃是一些不可避免的困難的證據，那就是不從本質上背離空間和時間中的因果描述而對原子過程進行細緻的描述時所將遇到的那些困難，而空間和時間中的因果描述則是自然界的古典力學描述的特徵。

㉑ 附帶提到，同樣是在1922年，玻爾在赴格廷根講學時認識了海森伯，而且從此對海森伯發生了決定性的影響。我們知道，當海森伯在三年以後創立矩陣力學時，一個重要的步驟就在於自覺地放棄直觀形象。人們一直說，從理論中排除一切「不可觀察的量」，這方面的啓示是來自愛因斯坦。但我以爲這也不見得那麼絕對。既然玻爾已經那麼明確地提倡放棄「視覺形象」而當時海森伯又是在玻爾那裏工作的，難道這種啓示竟一點兒也不會歸功於玻爾嗎？

換句話說，玻爾在這裏把波粒二象性的存在看成了在原子現象的細緻描述中必須從本質上背離「空間和時間中的因果描述」的一種證據。在同一篇稿子中，玻爾也提到：

> 總而言之，當企圖得到原子現象的適當描述時，在有限的範圍內應用從古典理論借來的概念乃是一種典型的作法。那種習見的因果描述事先就被放棄了……

在撰寫這篇稿子時，至少是在構思這篇稿子時，海森伯還沒有來到哥本哈根，他的矩陣力學當然還連「影子」也沒有，更不要說他的測不準原理了。在那種時候，玻爾心中竟然已經有了互補原理的「最初版本」；在測不準原理還遠遠沒有出現以前就已經清楚地意識到「空間和時間中的因果描述」或稱「習見的因果描述」不再適用（「事先就被放棄了」），這樣的洞察難道不是十分驚人的嗎？

經過這麼長時間的發展，才來到 1925 年。那年 7 月間，出現了雅默爾注意到的那篇論文的〈後記〉。當時 BKS 論文中關於守恆定律之統計品格的假設已被實驗所否定。通過放棄守恆定律來在因果原理方面簡單地作出讓步被證實為行不通，於是玻爾就又回到了以前的思索。他寫道〔1,5,209〕：

> 相反地，問題却在於迄今被試着用來描述自然現象的空間—時間圖景在多大程度上可以適用於原子過程。

空間—時間圖景前面加上了「迄今被試着用來描述自然現象的」

這個形容詞組，這顯然就等同於「因果性的空間—時間圖景」或「空間—時間中的因果描述」或「通常的空間—時間圖景」。卡耳卡爾曾經指出，在這篇〈後記〉中，玻爾先後五次強調了包括在「通常的空間—時間圖景」的應用中的困難。

附帶提到，當玻爾在 1925 年 7 月間撰寫這篇〈後記〉時，海森伯正在把自己有關矩陣力學的第一篇論文的定稿寄請玻恩推薦發表。從現存的資料來看，海森伯似乎只向泡利而未向玻爾通報自己的新發現（這是十分不正常的和不禮貌的現象）❷。也就是說，當時玻爾似乎還不知道海森伯的新突破，儘管海森伯在取得這種突破時很可能在相當程度上受到了放棄「通常的空間—時間圖景」的那種想法的直接啓發。

玻爾有一篇重要文章叫做「原子理論和力學」。這篇文章有一段發展過程，較晚的文本是作爲一篇演講在第六屆「斯堪的納維亞數學家會議」的開幕式（1925年 8 月31日）上發表的〔1,5,273-280〕。在這篇文章中，玻爾本來沒有提到海森伯的新力學，但是在修訂本中卻增入了對這種新力學的評論。到了這時，玻爾的許多觀點，例如關於古典力學之不足性的觀點，早已比十幾年前明確得多了。他在分析了光的波動理論和量子理論之後，提出了意義深刻的見解：

> 由這些結果似乎可以看出，在量子理論的普遍問題中，人們面對的不是力學理論和電動力學理論的一種可以用通常的物理概念來描述的修訂，而是自然現象之描述一直建築於其上的空間和時間中的圖景的一種本質的失效。

---

❷ 見〔1,5,220〕的最後一段。

在這段話的後面，他加了一條小注。他請讀者參閱我們在前面提到過的那篇文章的〈後記〉，宣稱那篇〈後記〉中有「更仔細的討論」。這就清楚地表明，他的這些觀點，絕不是在海森伯力學或任何其他事物的觸動下臨時突現的，而是浸潤已久，早就在他的思想中慢慢滋長着了。

以上這些情況表明，玻爾的互補性思想的萌芽，不是只可以追溯到1925年而是可以追溯到更早得多的年代。這種追溯可以作得更加詳細得多，因爲在玻爾的科學論著中往往隨處可以找到一些很帶哲理意味的言論。當然，玻爾的科學論著主要（或完全）是物理論著。因此，通過這種追溯，我們就可以看到他的哲學思維是怎樣在物理學的實踐中一天天發榮滋長起來的。一個終生從事物理學研究的人因受物理學以外的問題（例如生物學問題）的影響而成爲一個哲學家，這樣的事情即使有也是可能性很小的。從玻爾的具體情況來看，應該承認物理學中的探索是對玻爾的思想發展起了「主動力」的作用，而生物學的、心理學的以及其他問題的思索則是只起了輔助性的作用的。我們看到，某種最初形式的互補性觀點（「不可比較的平面」），在青年玻爾的思想中就已出現了。當時他想必常常和朋友們談論這些觀點，以致他的好朋友魯賓對他二十年後的觀點都有「司空見慣」之感。事實上，二十年前後的觀點當然不可能是「完全相同」的。隨着他在微觀物理學中的勇猛精進，玻爾越來越深切地意識到了古典直觀概念在原子現象的描述中的格格不入。這種對他的哲學發展帶有根本重要性的認識，沒有物理學的刻苦實踐是不可能達到的。在起初，他也許還對那些多年以來根深葉茂的古典概念有點難以割捨，還希望對它們加上些哪怕是很激烈的「修訂」或「限制」，然後就

繼續湊合着用。後來，到了二十年代中期，他就漸漸覺察到那種
「改良主義」的辦法大概是行不通了。這時他就開始考慮對「習
見的因果描述」這樣的理論基礎動動手術了。認識到「習見的因
果描述」或稱「空間—時間中的因果描述」在微觀領域中不能絕
對準確地應用，這已經是互補原理的「初版」。我們看到，這種
「最初版本」至少可以追溯到 1923-24 年的那篇稿子。當玻爾撰
寫那篇稿子時，海森伯還沒有成名。只因為玻爾在那篇稿子中沒
有對「原子物理學中的局勢」繼續分析下去，而且後來稿子也沒
有正式發表，所以稿中的觀點才沒有得到任何廣泛的流傳——然
而「拉比本人是清楚的」！

6.　玻爾哲學的根本意義

按照中國的古代傳說，中國的文字是由一位長着四隻眼睛的
聖人倉頡創造的。他的這種行為過於洩漏了天地的奧秘，大干
「天忌」（惹得「天」喫起醋來），以致造成了「天雨粟而鬼夜
哭」的驚人效果（魯迅說是「天上掉小米，小鬼嗷嗷叫」）。我
常想，玻爾否定了因果原理的無條件適用性，其洩「天地之秘」
的嚴重性應超過「倉聖」之始制文字，為何當年那些小鬼不再出
來演一曲搖滾樂呢？一種可能的「解釋」是，因果原理已不是絕
對可用的了，「洩天地之秘」的因不一定必得「鬼夜哭」之果，
要看「幾率」而定。這當然是講笑話，「棒槌」而已，千萬莫當
「針」也。

玻爾的老朋友英國物理學家 C.G. 達爾文在一篇題為「原子
序數的發現」的文章中講過一段很有意義的話。他說〔5,1〕：

某些推動了科學進步的偉大發現可以叫做「容易的」發現；這意思並不是說得到這些發現時十分容易，而是說一旦得到，它們就是人人都很容易接受的。它們可以得到公認，無須進一步論證，而且為了理解它們也用不着在思維過程上進行什麼深入而激烈的變動。在第一個英雄時代中，這種「容易的」發現的一個例子就是哥白尼的認識到地球並非宇宙中心。一旦確立了這一學說，它的推論就是那樣地簡單，以致任何人都用不着回頭去看以前的時期了。這時科學家（當然不包括科學史家）幾乎就可以忘掉哥白尼其人的存在了。另一方面，牛頓的力學定律和萬有引力定律，卻根本沒有這種容易的品質，而想要掌握力學的任何人也絕不能忘記牛頓。

接着，他就提到了「原子序數」的發現，認為那是「第二個英雄時代」中的「容易的」發現之一。他講的都是歷史事實，但是能夠明確地區分「容易的」和「困難的」科學發現，卻也需要一點清醒的歷史頭腦。

國學大師王靜安說：「境有大小，不以是而分優劣。『細雨魚兒出，微風燕子斜』何遽不若『落日照大旗，馬鳴風蕭蕭』？」❷ 倣此，我們也可以說，發現有難易，不以此而分偉大與不偉大；當年莫斯萊（H.G.J. Moseley, 1887-1915）發現原子序數，誰能不佩服他的見識和才能？

不過，話雖如此，不同科學發現和哲學思想的深淺、廣狹和

---

❷ 語見王國維，《人間詞話》。筆者身在異國，無書可查，憑記憶引用，字句或有出入。

基本程度，　畢竟還是會有所不同，　而且差別可以非常、　非常地大。我常以爲，　從認識論的角度來看，玻爾的互補哲學也許是人類思想上最難的一關，因爲它至少同時衝破了兩條誰也沒有認眞考慮過要去衝一衝的界線，向人們展示了一片至今使人們大感不習慣的新境界。

　　空間和時間的概念，　應該是和人類文明同樣地古老吧？這些概念一直被認爲是那樣地基本和普遍，以致某些哲學家把它們升格爲「先驗的範疇」。自然科學的每一步發展，都曾經一直是在利用、加強、精化和改善這些概念。相對論的提出和發展，雖然大大改變了時間和空間的關係，　引起了世界性的震動，　也造成了某些思想上的障礙，但是卻絕對沒有危及空間和時間的概念本身，而是本質地強化了它們的地位。所謂「四維時空」的表象，其實是一種數學空間的概念。只有在科幻小說（和電視）中，才有所謂「時間隧道」之類的說法，那在多數情況下只不過反映了作者在科學上的無知而已。

　　以科學發展爲依據而不是以哲學思辨爲依據，第一次認眞考慮並認定了空間—時間概念的有限適用性的，是玻爾。事實上，1913年的「躍遷」概念，已經暗含了某種對傳統的空間—時間概念的「不敬」成份。到了後來，玻爾更是越來越對「因果性的空間—時間描述」表示了懷疑，終致否定了這種描述在微觀領域中的適用性。他當然並沒有籠統地否定牛頓的或愛因斯坦的空間—時間概念，而只是說在微觀領域中的**某些**情況下，空間—時間概念不再能夠應用。然而這已經夠「離經叛道」，足以使許多人惶惶不可終日而無所適從了。我曾經開玩笑說，玻爾的作法等於一刀把愛因斯坦劈掉了一半，這當然是使愛因斯坦受不了的。

不僅如此，更要命的是玻爾還同時用相同的辦法「修理」了
因果原理。對某些人來說（例如對某些熱力學家來說），也許因
果原理比空間—時間概念還要重要。如果連因果原理也被「修
理」，這怎能不使許多人有「萬丈高樓失腳，揚子江心翻船」之
感呢❷？

玻爾秉承他老師赫弗丁的遺教，最不贊成建立什麼哲學體
系。然而那主要是反對的那種公理化的、形式化的體系，並不是
說什麼思維路線都不要。事實上，玻爾哲學自有它的內在體系；
這種體系涵蓋了一個非常廣大的知識範圍，但是因為它在結構上
有些奇特而新穎之處，所以時至今日仍然很少有人能夠理解它、
熟悉它、相信它和運用它。玻爾曾想利用哥白尼學說的很快得到
公認來支持自己的信心，希望互補哲學有一天甚至在中學生中間
也會成為家常便飯。那恐怕只是出於他的「天眞」。按照達爾文
的分類，哥白尼的學說屬於「容易的」科學發現，而玻爾的觀念

❷ 一個有趣的掌故足以顯示人們的這種感受。早在玻爾的「三部曲」
剛剛發表時（1913 年），有一天，當時正在瑞士的奧托・斯特
恩和封・勞厄一起到蘇黎世郊外去散步。他們登上了于特里山，
就坐下討論起物理學中的局勢來。他們都覺得玻爾的理論不可接
受，於是就訂立了一個「于特里誓約」，就是說，如果玻爾的原
子結構理論被證實爲是對的，物理學也就不值得再研究了，那時
他們兩個就都改行，不再搞物理了。所謂「于特里誓約」，是歷
史上和瑞士聯邦的建立有關的「呂特里誓約」的諧音。後來玻爾
理論果然被證實爲是對的了。還算好，斯特恩和勞厄都沒有實踐
他們的誓約，他們沒有改行，繼續研究物理學，都得了諾貝爾
獎。請想，玻爾1913年的理論還只是一種半古典的理論，居然就
引起了人們這麼強烈的情緒波動。那麼，在 1927 年以後，當人
們漸漸醒過味兒來，漸漸覺察到「互補性」觀點到底意味着什麼
時，他們心中的滋味又是如何啊！以上這個掌故，見於好幾種文
獻記載，例如參閱 A. Pais, *Inward Bound,* Oxford Univ.
Press, 1986, p.208.

則恐怕是最「不容易的」哲學思想。這二者原是不可類比的呀！君不見，直到本世紀五十年代，哥本哈根大學的兩位大學敎授還堅持認爲玻爾是「完全錯誤的」乎〔12,421〕？丹麥是玻爾的祖國，是他最受尊重的地方，哥本哈根大學是他的母校，情況尚且如此，別的地方，也就可想而知了。

　　然而，得不到公認不見得就不是眞理。「其曲彌高，其和彌寡」的事情，當然也是「古已有之，於今爲烈」的呀！

後　記

看似尋常最奇崛，

成如容易却艱辛。

——王介甫，〈題張司業詩〉

寫完這份拙稿，心中不免有幾分感喟。十幾萬字的短書，不值一笑，談得上什麼「感喟」？然而話不是這等說。書雖很小，也費了衰翁數月之功。俺這種歲月，費不費還不是那麼回事？然而竟因此也費了許多仁人君子的心血，那就有點「不當家花啦的」了。清人詩曰：

不是微禽辭取惠，

只愁無處覓金環。

這不是「感喟」嗎？

幼讀盛唐詩聖杜子美懷念其友詩仙李太白之詩句曰：

世人皆欲殺，

吾意獨憐才。

小孩子思想簡單，心中常感納悶：青蓮學士又不是那種殘民以逞的老混蛋，何以「世人」都憋着要他的小命兒呢？後來年歲稍大，才知道塵世間確有這等事，而且還真不少呢！有一篇文章中的幾句話最能爲此事注腳。其言曰：

> 木秀於林，風必摧之；堆出於岸，流必湍之；行高於人，衆必非之。於是乎，××死矣！

幾個「必」字擺上去，十足一副「決定論者」的口吻。看樣子，「槍打出頭鳥」，他們「行高於人」的諸君篤定是沒有活路兒了。

於是又有另一詩人出來，下一「轉語」曰：

> 殺我未嘗非賞鑒，
> 因人絕不是英雄。

憤激而言之，或者也多少有違乎「溫柔敦厚」的「詩教」罷？其意若曰：他殺我是因爲覺得我有能耐，別人他還認爲不值一殺呢。此論若真，則天下無能之輩可以夢穩神安。然而只恐它也未必真！

卽以不佞而言，從來庸碌已極，連「噇飯」的本領都比不上別人，何況其他？但是只因生而逢「時」，碰到「點兒」上，遂致「行」雖「低」於人，卻也十分地爲人所「非」。伏念有生七十年來，身經大小數千百陣，那種「座中數千人，俱言我可『殺』（而且『罪該萬死』）」的場面，實在已「見過了許多」。其時諸「人」對在下「賞鑒」之殷，真使我「受寵若驚」不已也！（常

思《西廂記》中張君瑞有唱詞曰：「歎小生不『才』，謝多嬌錯愛。」用到此處，倒也貼切，然而必遭「掌嘴」，更何敢讓他「破工夫明夜早些來」乎？）

不過，「殺我」之事，雙方皆不光榮，說得多了，容易「走題」，那就「鴇以我爲不好」了。還不如趁早套用八股家法，改說「因人」。

且說鄙人生而不棒，手無縛雞之力；骨瘦如柴，委實難以當「尊拳」。是故早當「戒之在勇」的年歲，就根本沒立過什麼殺七宰八的雄心壯志。現在到了「古希天子」之年，連說句「消盡當年豪氣」的資格都無有，不亦慘乎！那年陽春三月，被人邀去游慕田之峪。到了那裏，但見山高路險，嚇得一身冷汗，雖有「纜車」而不敢上焉。於是與老妻滯留山下，遙望「長城」片刻，便也打道回「窟」（「窟」者貧民之所居也）。歸後作詞一首，調寄「鳳棲梧」，其上片曰：

骨相生成非「好漢」（天生不是那塊材料兒），

到了長城，未必能更換？

粉墨登場雖反串，

不曾自抹三花臉。

我是說，有時逼急了，也只索唱唱「反串」戲，但是卽使那時也不願當丑角兒，算得什麼「英雄」？

如此說來，「絕不是英雄」的問題，業已有詞爲證，不到「蓋棺」也可「論定」了。正因如此，所以這般。平生所「爲」大小各事，無不「因人」而成。說了半天，這才到了「正題」，

以前的無非廢話。「正題」者何？即向此次所「因」之仁人君子敬致謝意是也。

　　此稿的撰寫，緣起於臺灣大學哲學系林正弘教授的倡議和推薦，並得到圖書公司和叢書主編的各先生的首肯。沒有他們的信任和支持，此稿便「不著一字，盡得風流」。因此首先必須向這些沒見過面的朋友們致敬和致謝。

　　此次重訪丹麥，早先實未敢夢想。後得丹麥「大龍基金會」的慷慨資助，竟然奇蹟般地成爲現實。我對基金會的創辦人范歲久前輩和現任董事長 J. G. Petersen 博士，實在萬分感謝。尤其是范先生，和藹可親，富而好禮，我在大陸四十年中，沒見過這樣的人物，心中倍感欽佩！

　　此次西來，準備了一份簡陋的初稿。到丹以後，仍在「尼耳斯·玻爾文獻館」（ＮＢＡ）中掛單。現任館長 Dr. Finn Aaserud 和秘書 Miss Anne Lis Rasmussen 都是新朋友，多承他們和原已在館的老朋友們熱情幫忙，此稿的校核、補充、潤色和謄清才得順利完成。此中有他們的心血，至足感謝。

　　幾年以來，得到好朋友的關照，受惠甚厚。此次重來，哥本哈根大學校長 Prof. Ove Nathan 在辦理簽證和安排款項等方面幫了大忙。到丹以後，文獻館前任館長 Mr. Erik Rüdinger 熱情益增，一有閑暇便邀我重訪各博物館和各名勝古蹟，使我身居異域而勝在故鄉。凡此種種，雖說叨在至交，不分彼此，然而盛情所至，仍不敢忘。

　　到丹後數日，友人 Mrs. Jette 和 Mr. Ole Strömgren 賢伉儷爲我舉辦一接風茶會，新舊友好到會者二十餘人，其中包括 Mrs. Ann 和 Dr. Hans Bohr 夫婦，中國史專家柯漢娜(Hanna

Kobylinski) 女士和前輩物理學家 Dr. Stefan Rozental 夫
婦，著名東方學者易家樂 (S. Egerod) 敎授和夫人，物理學家
Prof. A. Pais 和夫人，包小羣、包海德（Mr. Halvor Bun-
dgaard) 夫婦和他們的三歲女兒包美龍。此外當然還有Nathan
夫婦和 Erik。這麼多的好朋友歡聚一堂，大家紛紛存問我三年
來的生活與哀樂。此情此景，爲我平生之所僅有。此事使我感慨
萬端，靑衫淚濕，也大大鼓舞了我的「士」氣，於此稿的早日完
成，大有關係。今謹記於此，以感謝 Jette 和 Ole 以及他們的
女兒們爲我舉辦此會的盛情，感謝到會諸友好給予我的關懷和慰
藉！

　　「因人」之事，方式尙多，紙短情長，「不及備載」。現在
只能向大家作一個「羅圈兒揖」，表示普致謝忱，然後就又要學
學鄭板橋，「俺唱着這道情兒歸山去了」也。

1991年11月9日，戈革記於

哥本哈根黑池湖畔之Classens街17號。

附　　　錄

附錄一

玻爾年譜綱要[*]

(Niels Henrik David Bohr, 1885-1962)

一八八五年　玻爾生

十月七日，生於丹麥首都哥本哈根臨河街十四號其外祖家。
其祖父 (H. G. C. Bohr) 爲著名之中學校長，領敎授銜；
父克里斯蒂安 (Christian H. L. P. Bohr, 1855-1911) 是
醫學博士，後任哥本哈根大學生理學敎授；外祖父 (David
B. Adler) 爲著名猶太銀行家；母名愛倫 (Ellen)；有一
姨母 (Hanna Adler) 終身不嫁，成爲著名敎育家；姐姐
燕妮 (Jenny)，比玻爾大兩歲。

一八八七年　玻爾二歲

弟哈若德 (Harald Bohr, 1887-1951) 生。此人後成數學
家，年輕時爲丹麥最好的足球健將。

一八八八年　玻爾三歲

德人赫茲證明了電磁波的存在，在實驗上支持了麥克斯韋理
論；同時，他也發現了光電效應。

一八九〇年　玻爾五歲

瑞典人里德伯提出了複雜光譜線的頻率經驗公式，推廣了
1884年由瑞士人巴耳末得出的適用於氫譜線的經驗公式。

---

[*] 本人擬撰玻爾年譜，醞釀多年，積稿甚厚，此處僅摘其最重要者。

一八九二年　玻爾七歲

始入舊島 (Gammelholm) 小學。

一八九六年　玻爾十一歲

美國人匹克靈在星體光譜中發現一個新線系，當時人們認爲這是氫原子線系，十幾年後經玻爾糾正，才知是氦離子線系。

一九〇〇年　玻爾十五歲

四月二十七日，英國大物理學家開耳文勳爵以「籠罩在熱和光的運動論上的十九世紀之雲」爲題發表演講，分析了當時物理學的狀況和問題。

十月至十二月，德人普朗克經過長期的堅苦探索，提出了自己的黑體輻射理論。他在理論中引用了「作用量子」和「能量子」的概念，這就是量子理論的開始。

一九〇三年　玻爾十八歲

始入哥本哈根大學「數學及自然科學系」，當時的物理學教授克里斯蒂安森和哲學教授赫弗丁都是玻爾家的至友。玻爾加入了成員只限十二人的「黃道社」，大家在一起討論問題，特別是哲學課上的問題。

一九〇五年　玻爾二十歲

二月，丹麥王國科學文學院舉行有獎徵文，玻爾決心應徵，於二年後獲金獎章。

愛因斯坦創立狹義相對論，並在另一論文中提出有關光的本性的「試探性」觀點，這就是「光量子假說」（現名「光子假說」）。

一九〇八年　玻爾二十三歲

瑞士人里茲提出了關於光譜線頻率的「組合原理」。

丹麥足球隊在倫敦的奧林匹克運動會上獲得銀牌，哈若德・玻爾表現出色。

一九〇九年　玻爾二十四歲

約從五月底開始撰寫碩士論文，年底卽獲科學碩士學位；後於休假中往訪同學諾倫德 ($N\phi$rlund) 兄弟，得識其妹馬格麗特 (Margrethe)，一見傾心。

一九一〇年　玻爾二十五歲

開始撰寫博士論文。

三月十日，奧人哈斯提出一種原子結構理論，引用了普朗克的量子概念，但這一工作沒有引起很多人的注意，其成就也很小。

一九一一年　玻爾二十六歲

二月三日喪父。

四月十二日，完成題爲〈金屬電子論的研究〉的博士論文。

五月十三日，博士論文通過答辯，被授予哲學博士學位，不久卽和馬格麗特訂婚。

九月，得卡爾斯伯基金會資助出國深造一年，於九月底到達英國劍橋，但受到了J. J.湯姆孫的冷遇。當時盧瑟福剛剛證實了原子核的存在，到劍橋訪問，給玻爾留下了深刻的印象。

十一月初，玻爾到曼徹斯特，經其父執 (Lorain Smith) 的介紹會見了盧瑟福，探詢了轉赴曼徹斯特的可能性。盧瑟福反應熱情，當場作出了初步安排，從此二人建立了誼兼師友的親密關係，終生不渝。

荷蘭人德拜應用量子概念研究了物質的比熱問題。

一九一二年　玻爾二十七歲

三月，正式由劍橋轉赴曼徹斯特。起初做了一些實驗，觀察了 α 射線在物質中的吸收。六月，開始轉入粒子穿過物質時的變化的研究，並醞釀了原子結構的初步想法。七月六日，向盧瑟福交出一份論文提綱，初步嘗試了把量子假說和有核原子觀念結合起來，以說明原子和分子的性質問題。七月底回國。八月一日，和馬格麗特結婚，隨即到英國度蜜月，重謁盧瑟福。九月，開始在哥本哈根大學任教，並緊張地研究原子結構理論。

一九一三年　玻爾二十八歲

二月，在友人漢森的啟發下，突然把注意力轉向了實驗光譜學的規律，這就是所謂玻爾的「二月轉變」。這種轉變大大促進了他的原子結構理論的發展，使他的「躍遷」概念得以成熟。七月、九月和十一月，以〈論原子構造和分子構造〉為題，分三部分在英國期刊《哲學雜誌》上發表長篇論文，奠定了現代原子結構的量子理論的基礎，在微觀物理學的發展中帶來了無比深遠的影響。這篇著作後來被羅森菲耳德稱為「偉大的三部曲」。

一九一四年　玻爾二十九歲

盧瑟福函邀玻爾到英國任講師，玻爾同意。六月，玻爾兄弟到德國度假，於歐戰爆發時匆忙回國。十月，玻爾夫婦冒險渡海到達英國，原定在曼徹斯特工作一年，後因戰爭影響而延期一年。

德人弗朗克和赫茲發表低速電子和原子相碰撞的實驗結果。這種結果經過玻爾的再詮釋，成了玻爾原子結構理論的重要

實驗證據。

一九一六年　玻爾三十一歲

七月，離英回國。九月，開始在哥本哈根大學任新設置的理論物理學教授職位。其時荷蘭青年克喇摩斯來到丹麥，成了玻爾很得力的助手，他在丹麥工作達十年之久。

十一月二十五日，玻爾長子克里斯蒂安生。

一九一七年　玻爾三十二歲

被選入丹麥王國科學文學院。

一九一八年　玻爾三十三歲

四月七日，次子漢斯生。此子後成骨科專家，現尚在世。

歐戰結束。哥本哈根大學批准玻爾的建議，開始籌建理論物理學研究所。

十月三十日，在丹麥科學院的《院報》上用英文發表了〈論線光譜的量子論〉一文的第一部分和第二部分，闡述了古典理論和量子理論之間的數量對應關係，這便是後來所說的「對應原理」。這一原理的提出，標誌了玻爾理論的一個新的發展階段。

一九二〇年　玻爾三十五歲

四月，應普朗克之邀訪問柏林，第一次會晤愛因斯坦，在演講中正式使用了「對應原理」一詞。在柏林，應邀參加了一些不是正教授的人們組織的「無巨頭座談會」。

六月二十三日，三子伊瑞克生。此子後成化學工程師，於一九九〇年四月一日因患腦瘤在倫敦逝世。

一九二一年　玻爾三十六歲

三月三日，哥本哈根大學理論物理學研究所正式落成，不久

便成爲全世界量子物理學家們心嚮往之的學術「聖地」，被說成「原子物理學的世界首都」。

初夏以來，玻爾工作過度，健康欠佳，原定的許多國際學術活動都未能參加。

十月十八日，在哥本哈根物理學會和化學會的聯席會上以〈各元素的原子結構及其物理性質和化學性質〉爲題發表了重要演講，闡述了元素週期表的理論解釋。

一九二二年　玻爾三十七歲

六月，應德國沃耳夫斯凱耳基金會之邀到格廷根講學，從六月十二日到二十二日共發表七篇演講，分析了原子結構和週期表的理論。在此期間，玻爾第一次認識了奧國青年泡利和德國青年海森伯，後來這二人成了「哥本哈根家族」的重要成員。

六月十九日，四子奧格生。此子後來成爲著名的核物理學家，曾和另外二人合得一九七五年度諾貝爾物理學獎，現尚在世。

十二月，在瑞典首都斯德哥爾摩領取了本年度的諾貝爾物理學獎。在他的研究所中工作的赫維斯和考斯特爾發現了週期表上的第72號元素，即鉿，有力地支持了他的理論。

一九二四年　玻爾三十九歲

一月，和克喇摩斯、斯累特爾合撰論文，題爲〈輻射的量子理論〉，五月在《哲學雜誌》上發表。此文觀點獨特，史稱BKS 論文。

三月七日，五子厄恩耐斯特生。此子後成律師，現尚在世。

十一月，法人德布羅意在博士論文中系統闡述了有關「物質

波」的理論。

同年，泡利提出了「不相容原理」。

一九二五年　玻爾四十歲

七月，海森伯發表〈論運動學關係式和動力學關係式的量子理論詮釋〉一文，這就是所謂新量子力學的開端。他很快和玻恩及約爾丹合作，寫了著名的「三人論文」，初步完成了量子力學的矩陣形式。玻爾很快對這種發展作出了讚許的評價，寫了〈原子理論和力學〉一文。

一九二六年　玻爾四十一歲

奧人薛定諤在瑞士提出了「波動力學」，這是新量子力學的另一種形式，引起了許多人的注意。

九月，海森伯到哥本哈根任講師。

十月，薛定諤訪問哥本哈根，和玻爾開展了學術觀點的辯論，這就預兆了量子力學大論戰的即將到來。

玻恩提出量子力學波函數的「統計詮釋」（「幾率詮釋」），得到了玻爾等人的贊同。

一九二七年　玻爾四十二歲

年初，和海森伯討論量子力學的物理涵義，後感疲勞，遂赴挪威度假，於滑雪中逐漸醞釀成熟了「互補性」觀點。

二月，海森伯得到了「測不準原理」的觀念，於三月下旬寄出論文稿，秋季即赴萊比錫任教授。

九月，在意大利的科莫市召開了紀念伏打逝世百周年的學術會議，玻爾在會上以「量子公設和原子理論的晚近發展」為題發表了著名的「科莫演講」，第一次正式闡述了「互補性」的思想。

十月，第五屆索爾維會議在布魯塞爾召開。玻爾在會上再次
闡述了自己的觀點，愛因斯坦起而反對，他們二人在會上和
會下進行了反覆的辯論。

一九二八年　玻爾四十三歲

三月十二日，六子哈若德生。此子生而多病，不足十歲而夭
折。

一九三〇年　玻爾四十五歲

十月二十至二十五日，第六屆索爾維會議在布魯塞爾召開。
愛因斯坦在會上提出「光子盒」的假想實驗來反駁玻爾的觀
點。玻爾經過徹夜苦思而提出了令人折服的辯護，致使愛因
斯坦不得不承認了測不準原理的「邏輯自洽性」。

一九三一年　玻爾四十六歲

丹麥王國科學院按照大企業家 J. C. 雅考布森的遺囑遴選玻
爾作爲「榮譽府」的第二屆終身住戶（第一屆住戶爲玻爾的
哲學老師赫弗丁），該府原爲雅考布森的私人住宅，建築考
究，宏麗寬敞。

一九三二年　玻爾四十七歲

遷入「榮譽府」。

八月，在哥本哈根國際光療學會議的開幕式上以「光 和 生
命」爲題發表了演講，用 「互補性」的觀點分析了生命問
題。德國青年戴耳布呂克本治物理學，因受這篇演講的啓發
而改治遺傳學，後得1946年度諾貝爾生物學獎。

一九三三年　玻爾四十八歲

希特勒在德國上臺，開始迫害知識份子，許多猶太科學家面
臨困境，玻爾和他弟弟等人積極開展了救援工作，起了非常

重要的作用。

一九三四年　玻爾四十九歲

七月，長子克里斯蒂安於隨玻爾等駕遊艇出海時落水身亡，玻爾夫婦深感悲悼。

一九三五年　玻爾五十歲

五月十五日，美國期刊《物理評論》發表愛因斯坦、波道耳斯基和羅森合撰的論文，論述了量子力學描述的「非完備性」，史稱EPR論文。玻爾很快便致函該刊，表明了自己的觀點，並於十月十五日用相同的標題在該刊上發表論文，進行了分析和答辯。

十月，爲了慶賀玻爾的五十整壽，研究所同人編印了《詼諧物理學期刊》第一卷，後來又在一九四五年和一九五五年編印了第二卷和第三卷。

一九三六年　玻爾五十一歲

在二月二十九日的英國期刊《自然》上發表論文，提出了原子核的「液滴模型」。

七月，在哥本哈根關於「科學的統一性」的第二屆國際會議上以「因果性和互補性」爲題發表了演講，把「互補性」觀點用到了更廣闊的知識領域。

一九三七年　玻爾五十二歲

携夫人和次子漢斯作環球旅行講學，先到美國，後到日本和中國，然後經西伯利亞鐵路取道蘇聯回國，在中國時訪問了上海、杭州、南京和北平，對我國的風物和文化印象甚深。

七月七日，日軍侵華，中日戰爭開始。

一九三八年　玻爾五十三歲

八月，在丹麥克倫堡故宮召開的國際人類學和人種學會議上以「自然哲學和人類文化」為題發表演講，提出了和納粹觀點針鋒相對的觀點，引起了德國代表的退席抗議。

聖誕節期間，奧地利猶太科學家邁特納和弗里什在瑞典得到了關於鈾核「裂變」的概念。

一九三九年　玻爾五十四歲

一月，携夫人和三子伊瑞克訪美，四月返回；在美期間（三月間），當選為丹麥王國科學文學院的院長，後多次連任。

在九月一日的《物理評論》上和惠勒聯名發表〈核裂變的機制〉一文，成為當時最有影響的論文之一。

九月三日，第二次世界大戰正式爆發。

一九四〇年　玻爾五十五歲

四月，德軍控制丹麥，成立了傀儡政府。玻爾及其研究所堅決不和侵略者合作，並和地下抵抗力量保持了密切的聯繫。

一九四一年　玻爾五十六歲

為「丹麥學會」的《丹麥文化》一書撰寫〈前言〉，這也是對納粹力量的一種反抗。

十月，已經當上威廉皇帝物理學研究所所長的海森伯到丹麥參加德國人主辦的一次「學術」會議，借機訪問了玻爾，二人在榮譽府的玻爾書房中進行了密談，發生了政治上的和道德上的觀點分歧。關於當時的談話內容，兩個人事後的說法差別很大。他們之間的隔閡，後來也一直未能消除。

一九四三年　玻爾五十八歲

德軍決定逮捕全體在丹麥的猶太人。玻爾得信後，在逮捕令發佈的前夕，於九月二十九日的夜間在抵抗力量的安排下乘

漁船逃到了瑞典，立即開展了營救逃亡難民的活動。不久他
的全家也逃出。十月，英國派蚊式飛機把他和他的四子奧格
先後接到了英國。稍事停留，他們就到了美國，參加了原子
彈的研製工作。玻爾預見到核武器即將帶來的國際問題，希
望防患於未然，進行了許多工作，多次會晤英美的最高決策
人，但沒有得到他們的積極反應。

一九四五年　玻爾六十歲

第二次世界大戰結束。五月四日，丹麥光復。八月下旬，玻
爾從倫敦返回哥本哈根。

一九四七年　玻爾六十二歲

丹麥政府破格授予玻爾以最高勳章——「寶象勳章」。受勳
人須有一個「族徽」。玻爾親自設計，採用中國的「太極
圖」作了族徽的中心圖案，以示「陰陽互補」之義。

一九五〇年　玻爾六十五歲

六月九日，發表致聯合國的〈公開信〉，呼籲建立一個「開
放的世界」，籲請各國破除猜忌，互相信任，建立裁軍的監
察制度，以確保持久的國際和平。在此以後，他繼續進行了
許多爭取世界和平的活動。

一九五七年　玻爾七十二歲

美國福特汽車公司基金會設立「原子為和平獎」，評獎人一
致推舉玻爾為第一屆獲獎人。十月二十四日，在華盛頓的
美國科學院大會堂舉行了授獎儀式，美國總統艾森豪威爾出
席。

一九六二年　玻爾七十七歲・卒

玻爾晚年仍積極參加學術活動和社會活動，發表了許多論文

和演講，特別注意了「互補性」思想的闡述。從十月三十日
到十一月十七日，他接受了《量子物理學史檔案》人員的五
次探訪，精神也很好。十八日中午，偶感頭痛，於飯後午睡
時安然逝世。當時其四子奧格不在國內，須等他趕回。後於
十一月二十四日，按照玻爾生前的意願，舉行了小規模的和
完全私人性質的葬禮，沒有任何官方代表參加，骨灰送往市
民公墓 (Assistens Kirkegaard)，和他的父母、姐姐、
弟弟、弟媳、長子等人合葬。

一九六五年　玻爾逝後三年

十月七日，為紀念玻爾誕生八十週年，哥本哈根大學理論物
理學研究所正式改名為「尼耳斯·玻爾研究所」。

一九八四年　玻爾逝後二十二年

十二月二十一日，玻爾夫人馬格麗特·玻爾在哥本哈根逝
世，年九十四歲（一八九〇年三月七日生）。

一九八五年　玻爾逝後二十三年

為紀念玻爾誕生一百周年，世界各國舉行了各種形式的活
動，而「尼耳斯·玻爾文獻館」也在哥本哈根正式成立。

參 考 文 獻 簡 目

此簡目只舉最重要的專著或文集，不貪多，不自炫。所有單
篇論文都不收錄，只在引用處另行注出。

〔1〕. Niels Bohr: *Collected Works*, North-Holland Publ.
Co. 版。全書共十一卷，其第七、十、十一卷尚未出版。戈
革的中譯本已出六卷，前二卷由商務印書館出版，其餘各卷
由科學出版社出版（皆在北京），書名《尼耳斯·玻爾集》。
此書收集了玻爾所有發表過的論文和可讀通的稿件，並收有
若干通信。

〔2〕. N. Bohr, *Atomic Theory and the Description of
Nature*, Cambridge Univ. Press, 1934. 郁韜（戈革筆
名）的中譯本：《原子論和自然的描述》，商務印書館1964
年版。

〔3〕. N. Bohr, *Atomic Physics and Human Knowledge*,
Wiley, 1958. 郁韜的中譯本：《原子物理學和人類知識》，
商務印書館1964年版。

〔4〕. N. Bohr, *Essays 1958-1962 on Atomic Physics
and Human Knowledge*. Wiley, 1963. 郁韜的中譯本：

《原子物理學和人類知識論文續編》，商務印書館 1978 年版。

〔5〕. W. Pauli ed., *Niels Bohr and the Development of Physics,* McGraw-Hill Co., 1955.

〔6〕. S. Rozental ed., *Niels Bohr, His Life and Work as Seen by His Friends and Colleagues,* North-Holland Publ. Co., 1967.

〔7〕. R. Moore, *Niels Bohr, the Man, His Work, and the World they Changed,* Alfred A. Knopf, 1966.

〔8〕. S. Rozental, *NB, Erindringer om Niels Bohr,* Gyldendal, 1985. 這是作者用丹麥文寫的回憶錄，中譯本正在準備中。

〔9〕. U. Röseberg, *Niels Bohr, Leben und Werk Eines Atomphysikers,* Akademie-Verlay Berlin, 1985.

〔10〕. 戈革，《尼耳斯·玻爾——他的生平、學術和思想》，上海人民出版社1985年版。

〔11〕. N. Blaedel, *Harmony and Unity, the Life of Niels Bohr,* Science Tech. Publisher, Wisconsin 1988. 這是丹麥文原書的英譯本。

〔12〕. A. Pais, *Niels Bohr's Times, in Physics, Philosophy and Polity,* Oxford Univ. Press, 1991.

〔13〕. P. Robertson, *The Early Years, The Niels Bohr Institute 1921-1934,* Akademisk Forlag, 1979.

〔14〕. H. J. Folse, *The Philosophy of Niels Bohr,* North-Holland Publ. Co., 1985.

〔15〕. A. P. French and P. J. Kennedy ed., *Niels Bohr ——A Centenary Volume,* Harvard Univ. Press, 1985.

〔16〕. J. Honner, *The Description of Nature, Niels Bohr and the Philosophy of Quantum Physics,* Oxford Univ. Press, 1987.

〔17〕. R. S. Cohen and J. J. Stachel ed., *Selected Papers of Léon Rossenfeld,* D. Reidel Publ. Co., 1979.

〔18〕. M. Jammer, *The Conceptual Development of Quantum Mechanics,* McGraw-Hill Co., 1966.

〔19〕. M. Jammer, *The Philosophy of Quantum Mechanics,* John-Wiley & Sons, 1974.

〔20〕. J. Mehra and H. Rechenberg, *The Historical Development of Quantum Theory,* Springer-Verlag. 多卷本，已出版五卷。

〔21〕. A. Petersen, *Quantum Physics and the Philosophical Tradition,* MIT Press, 1968.

〔22〕. M. Fierz and V. F. Weisskopf ed., *Theoretical Physics in the Twentieth Century,* Interscience Publ. Co., 1960.

〔23〕. F. Bopp ed., *Werner Heisenberg und die Physik unserer Zeit,* Vieweg & Sohn, 1961.

〔24〕. W. C Price and S. S. Chissick ed., *The Uncertainty Principle and Foundation of Quantum Mechanics,* John Wiley & Sons, 1977.

〔25〕. C. A. Hooker ed., *Contemperary Research in the*

Foundation and Philosophy of Quantum Mechanics, D. Reidel Publ. Co., 1973.

〔26〕. R. Schlegel, *Superposition and Interaction,* Univ. Chicago Press, 1980.

〔27〕. A. I. M. Rae, *Quantum Physics: Illusion or Reality,* Camb. Univ. Press, 1986.

〔28〕. G. Tarozzi and A. Van der Merwe ed., *Open Questions in Quantum Physics,* D. Reidel Publ. Co., 1985.

〔29〕. G. Holton, *Thematic Origin of Scientific Thought,* Harvard Univ. press, 1973.

〔30〕. P. A. Schilpp ed., *Albert Einstein: Philosopher-Scientist,* Tudar Publ. Co., 1949.

〔31〕. J. Mehra ed., *The Physicist's Conception of Nature,* D. Reidel Publ. Co., 1973.

〔32〕. 許良英等編譯，《愛因斯坦文集》，商務印書館（北京），三卷本，1976-1979.

附 錄 三

人 名 索 引*

---

*　人名以中文第一字的筆劃為序，由少到多。
附錄中提及的人名不列入索引中，以避繁瑣。

十　四　畫

名詞索引*

---

* 名詞以第一字的筆劃為序，從少到多。所舉頁數不求完備，便於參考就行了。各詞不一定都附外文，視需要而定。

五　　畫

六 畫

七　　畫

八　　畫

十 一 畫

十 三 畫

十　四　畫

十　五　畫

十　六　畫

十　七　畫

十　八　畫

二　十　畫

二 十 一 畫

二 十 五 畫

世界哲學家叢書 (七)

書　　　　名	作　　者	出　版　狀　況
洛　　爾　　斯	石　元　康	已　出　版
諾　　錫　　克	石　元　康	撰　稿　中
希　　　　克	劉　若　韶	撰　稿　中
尼　　布　　爾	卓　新　平	已　出　版
馬　丁・布　伯	張　賢　勇	撰　稿　中
蒂　　里　　希	何　光　滬	撰　稿　中
德　　日　　進	陳　澤　民	撰　稿　中

世界哲學家叢書 (六)

書　　　　　　　名	作　　　者	出　版　狀　況
皮　　　亞　　　杰	杜　麗　燕	撰　稿　中
馬　　　利　　　丹	楊　世　雄	撰　稿　中
馬　　　賽　　　爾	陸　達　誠	排　印　中
梅　露・彭　　迪	岑　溢　成	撰　稿　中
德　　　希　　　達	張　正　平	撰　稿　中
呂　　　格　　　爾	沈　清　松	撰　稿　中
克　　　羅　　　齊	劉　綱　紀	撰　稿　中
懷　　　德　　　黑	陳　奎　德	撰　稿　中
玻　　　　　　　爾	戈　　革	已　出　版
卡　　　納　　　普	林　正　弘	撰　稿　中
卡　爾　巴　　柏	莊　文　瑞	撰　稿　中
柯　　　靈　　　烏	陳　明　福	撰　稿　中
穆　　　　　　　爾	楊　樹　同	撰　稿　中
維　根　斯　　坦	范　光　棣	撰　稿　中
奧　　　斯　　　丁	劉　福　增	已　出　版
史　　　陶　　　生	謝　仲　明	撰　稿　中
赫　　　　　　　爾	馮　耀　明	撰　稿　中
帕　爾　費　　特	戴　　華	撰　稿　中
魯　　　一　　　士	黃　秀　璣	排　印　中
珀　　　爾　　　斯	朱　建　民	撰　稿　中
散　塔　雅　　納	黃　秀　璣	撰　稿　中
詹　　　姆　　　斯	朱　建　民	撰　稿　中
杜　　　　　　　威	李　常　井	撰　稿　中
史　賓　格　　勒	商　戈　令	已　出　版
奎　　　　　　　英	成　中　英	撰　稿　中

世界哲學家叢書 (五)

書　　　　　名	作　　者	出版狀況
盧　　　　　梭	江　金　太	撰　稿　中
孟　德　斯　鳩	侯　鴻　勛	撰　稿　中
康　　　　　德	關　子　尹	撰　稿　中
費　　希　　特	洪　漢　鼎	撰　稿　中
黑　格　　　爾	徐　文　瑞	撰　稿　中
叔　本　　　華	劉　　東	撰　稿　中
尼　　　　　采	胡　其　鼎	撰　稿　中
祁　　克　　果	陳　俊　輝	已　出　版
約　翰　彌　爾	張　明　貴	已　出　版
費　爾　巴　哈	周　文　彬	撰　稿　中
恩　格　　　斯	金　隆　德	撰　稿　中
狄　爾　　　泰	張　旺　山	已　出　版
韋　　　　　伯	陳　忠　信	撰　稿　中
卡　　西　　勒	江　日　新	撰　稿　中
雅　　斯　　培	黃　　藿	已　出　版
胡　　塞　　爾	蔡　美　麗	已　出　版
馬克斯·謝　勒	江　日　新	已　出　版
海　　德　　格	項　退　結	已　出　版
高　　達　　美	張　思　明	撰　稿　中
漢　娜　鄂　蘭	蔡　英　文	撰　稿　中
盧　　卡　　契	謝　勝　義	撰　稿　中
阿　多　爾　諾	章　國　鋒	撰　稿　中
哈　伯　馬　斯	李　英　明	已　出　版
馬　克　弗　森	許　國　賢	撰　稿　中
柏　格　．　森	尚　建　新	撰　稿　中

世界哲學家叢書 (四)

書　　　　　名	作　　者	出 版 狀 況
山　崎　闇　齋	岡田武彥	已　出　版
三　宅　尚　齋	海老田輝巳	撰　稿　中
中　江　藤　樹	木村光德	撰　稿　中
貝　原　益　軒	岡田武彥	已　出　版
荻　生　徂　徠	劉梅琴	撰　稿　中
安　藤　昌　益	王守華	撰　稿　中
富　永　仲　基	陶德民	撰　稿　中
楠　本　端　山	岡田武彥	已　出　版
吉　田　松　陰	山口宗之	已　出　版
福　澤　諭　吉	卞崇道	撰　稿　中
西　田　幾　多　郎	廖仁義	撰　稿　中
柏　　拉　　圖	傅佩榮	撰　稿　中
亞　里　斯　多　德	曾仰如	已　出　版
聖　奧　古　斯　丁	黃維潤	撰　稿　中
伊本・赫勒敦	馬小鶴	排　印　中
聖　多　瑪　斯	黃美貞	撰　稿　中
笛　　卡　　兒	孫振青	已　出　版
蒙　　　　　田	郭宏安	撰　稿　中
斯　賓　諾　莎	洪漢鼎	已　出　版
萊　布　尼　茲	陳修齋	撰　稿　中
培　　　　　根	余麗嫦	撰　稿　中
霍　　布　　斯	余麗嫦	撰　稿　中
洛　　　　　克	謝啓武	撰　稿　中
巴　　克　　萊	蔡信安	已　出　版
休　　　　　謨	李瑞全	撰　稿　中

世界哲學家叢書 (三)

書　　　　名	作　　者	出版狀況
智　　　　旭	熊　　琬	撰　稿　中
章　太　炎	姜　義　華	已　出　版
熊　十　力	景　海　峰	已　出　版
梁　漱　溟	王　宗　昱	已　出　版
金　岳　霖	胡　　軍	排　印　中
張　東　蓀	胡　偉　希	撰　稿　中
馮　友　蘭	殷　　鼎	已　出　版
唐　君　毅	劉　國　強	撰　稿　中
賀　　　　麟	張　學　智	已　出　版
龍　　　　樹	萬　金　川	撰　稿　中
無　　　　著	林　鎮　國	撰　稿　中
世　　　　親	釋　依　昱	撰　稿　中
商　羯　羅	黃　心　川	撰　稿　中
泰　戈　爾	宮　　靜	已　出　版
奧羅賓多・高士	朱　明　忠	撰　稿　中
甘　　　　地	馬　小　鶴	撰　稿　中
拉達克里希南	宮　　靜	撰　稿　中
元　　　　曉	李　箕　永	撰　稿　中
休　　　　靜	金　煐　泰	撰　稿　中
知　　　　訥	韓　基　斗	撰　稿　中
李　栗　谷	宋　錫　球	排　印　中
李　退　溪	尹　絲　淳	撰　稿　中
道　　　　元	傅　偉　勳	撰　稿　中
伊藤仁齋	田　原　剛	撰　稿　中
山鹿素行	劉　梅　琴	已　出　版

世界哲學家叢書 (二)

書　　　　名	作　　　者	出　版　狀　況
朱　　舜　　水	李　甦　平	撰　　稿　　中
王　　船　　山	張　立　文	撰　　稿　　中
眞　　德　　秀	朱　榮　貴	撰　　稿　　中
劉　　蕺　　山	張　永　儁	撰　　稿　　中
黃　　宗　　羲	盧　建　榮	撰　　稿　　中
顧　　炎　　武	葛　榮　晉	撰　　稿　　中
顏　　　　元	楊　慧　傑	撰　　稿　　中
戴　　　　震	張　立　文	已　　出　　版
竺　　道　　生	陳　沛　然	已　　出　　版
眞　　　　諦	孫　富　支	撰　　稿　　中
慧　　　　遠	區　結　成	已　　出　　版
僧　　　　肇	李　潤　生	已　　出　　版
智　　　　顗	霍　韜　晦	撰　　稿　　中
吉　　　　藏	楊　惠　南	已　　出　　版
玄　　　　奘	馬　少　雄	撰　　稿　　中
法　　　　藏	方　立　天	已　　出　　版
惠　　　　能	楊　惠　南	撰　　稿　　中
澄　　　　觀	方　立　天	撰　　稿　　中
宗　　　　密	冉　雲　華	已　　出　　版
永　明　延　壽	冉　雲　華	撰　　稿　　中
湛　　　　然	賴　永　海	排　　印　　中
知　　　　禮	釋　慧　嶽	撰　　稿　　中
大　慧　宗　杲	林　義　正	撰　　稿　　中
袾　　　　宏	于　君　方	撰　　稿　　中
憨　山　德　清	江　燦　騰	撰　　稿　　中

世界哲學家叢書(一)

書　　　　名	作　　者	出　版　狀　況
孟　　　　子	黃　俊　傑	排　印　中
老　　　　子	劉　笑　敢	撰　稿　中
莊　　　　子	吳　光　明	已　出　版
墨　　　　子	王　讚　源	撰　稿　中
淮　南　子	李　　增	已　出　版
賈　　　　誼	沈　秋　雄	撰　稿　中
董　仲　舒	韋　政　通	已　出　版
揚　　　　雄	陳　福　濱	撰　稿　中
王　　　　充	林　麗　雪	已　出　版
王　　　　弼	林　麗　真	已　出　版
嵇　　　　康	莊　萬　壽	撰　稿　中
劉　　　　勰	劉　綱　紀	已　出　版
周　敦　頤	陳　郁　夫	已　出　版
邵　　　　雍	趙　玲　玲	撰　稿　中
張　　　　載	黃　秀　璣	已　出　版
李　　　　覯	謝　善　元	已　出　版
王　安　石	王　明　蓀	撰　稿　中
程顥、程頤	李　日　章	已　出　版
朱　　　　熹	陳　榮　捷	已　出　版
陸　象　山	曾　春　海	已　出　版
陳　白　沙	姜　允　明	撰　稿　中
王　廷　相	葛　榮　晉	已　出　版
王　陽　明	秦　家　懿	已　出　版
李　卓　吾	劉　季　倫	撰　稿　中
方　以　智	劉　君　燦	已　出　版